D1354650

Ver, oír y callar

Pepitas de calabaza ed.
Apartado de correos n.° 40
26080 Logroño (La Rioja, Spain)
pepitas@pepitas.net
www.pepitas.net

Portada: Münster estudio *(www.munsterstudio.com)*

ISBN: 978-84-15862-44-4
DEP. LEGAL: LR-887-2015

Primera edición, septiembre de 2015

Ver, oír y callar

Un año con la Mara Salvatrucha 13

Juan José Martínez D'aubuisson

Prólogo

La locura de Juan

Óscar Martínez[1]

Juan tenía una motocicleta vieja. Era una motocicleta barata, sin velocidades, de alguna marca china que jamás aparecerá en ninguna revista de motociclismo. A su moto, Juan le llamaba Samanta. Una noche, Juan regresaba de la colina de la Mara Salvatrucha, de un lugar llamado colonia Buenos Aires, hasta donde Samanta subía varias veces por semana para desgracia de su débil motor. Para llegar hasta allá, Juan y Samanta tenían que cruzar varias colonias dominadas por la pandilla contraria, el Barrio 18. El Salvador es un país con muchas más líneas divisorias que las que se marcan en un mapa formal. Esas otras líneas, las que marcan las pandillas, son más reales incluso que las de aquellos mapas. Juan y Samanta, varias veces por semana, tenían que atravesar una de esas líneas para llegar hasta la última comunidad de la colina. Aquella noche de 2010, Juan y Samanta cruzaban de vuelta la línea tras una jornada de trabajo etnográfico con la clica[2] de los Guana-

---

1 Es autor de *Los migrantes que no importan*. Sur+, México, 2012.

2 Una clica es la unidad más pequeña de una pandilla. De esta forma, Mara Salvatrucha le llamamos al conjunto estructurado de clicas que se auto-

cos Criminals Salvatrucha, de la MS-13. Samanta, ya en territorio del Barrio 18, se desanimó. Tosió por su escape y se detuvo. Era de noche, era un hombre joven en una moto; era un hombre joven, tatuado y de pelo largo en una moto; era un hombre joven, tatuado y de pelo largo en una moto que acababa de bajar del territorio de la pandilla contraria. Juan —me contó esa noche mientras tomábamos un ron— sabía que aquello podía terminar muy mal. Evaluó las opciones que tenía: llamar a la policía, seguir a pie, buscar ayuda en alguna casa... Y optó por la mejor de sus opciones: le rogó a Samanta que se moviera. Le pidió a su moto china que por favor se moviera. Le dijo que le prometía un afinado general si lo sacaba de la zona del Barrio 18. Y, justo cuando unas sombras se acercaban, una patada en la palanca de arranque revivió a Samanta, que aceptó trastabillar hasta alejarse del lugar.

A veces, para hacer un trabajo como el que Juan les presenta en este libro, es necesario estar un poco loco. Es necesario perder un poco la lógica más racional y terminar suplicando a una moto.

Juan es antropólogo. Juan es un antropólogo dedicado a estudiar a las pandillas, principalmente a la Mara Salvatrucha, pero también ha tenido acercamientos con el Barrio 18 y con toda esa legión de deportados desde Estados Unidos que allá pertenecían a alguna de las decenas de pandillas latinas del sur de California y que aquí en El Salvador se hacen llamar sencillamente «sureños». Juan ha entrevistado a fundadores de la MS, a líderes de la MS, a chequeos de la MS —el nivel más bajo de la estructura—, a retirados de la MS, a traidores de la MS, a víctimas de la MS, a funcionarios que persiguen a la Mara Salvatrucha.

---

denominan como parte de esta pandilla. La mayoría de estas clicas usan nombres que terminan en LS (Locos Salvatrucha) para diferenciarse de las del Barrio 18. (Nota del autor).

Juan es también mi hermano. Lo anticipo para que nadie se queje de que este prólogo no le entregó todos los argumentos para decidir si creer o no en este prólogo. Y, dicho eso, digo sin temor a equivocarme: Juan es el académico que más entiende a la pandilla más peligrosa del mundo, la MS.

Juan es quien más la entiende porque como académico —palabra que cada vez resuena menos querida— ha renunciado desde hace años a la permanencia en salones blancos y aireacondicionados, ha renunciado a la escritura de informes rebuscados donde en lugar de decir hospital dirán nosocomio. Ha renunciado a escribir para pocos. Como académico, Juan ha renunciado a utilizar las reglas clasistas de una academia que cada vez más se reúne una y otra y otra vez consigo misma para dirimir la realidad que transcurre afuera de sus edificios y sus reuniones.

La mejor prueba de ese método callejero de Juan es este libro. Este libro no pretende ser un libro académico. Sin embargo, es un espejo que nos muestra cómo un académico raro que le habla a las motos investigó —investiga— uno de los temas más espinosos de la sangrienta Centroamérica actual, de la esquina que por índice de homicidios es la esquina más violenta de todo el planeta. Cuando Juan jugaba a ladrón y policía con los niños de la comunidad, sabía que estaba trabajando. Cuando Juan pasaba largas tardes viendo cómo el Destino, uno de los líderes de la clica, hacía pan, sabía que estaba investigando. Cuando Juan registraba en su libreta la manera en la que los pandilleros obligaban a un borracho a bajar la cuesta para comprarles cigarros, Juan sabía que ese era su trabajo. Y lo sabía también cuando era el único no pandillero presente en los miring, y cuando el Destino le contaba sus intimidades, y cuando Little Down empezaba a tomar el control y Juan lo veía todo, día a día, gracias a su paciencia, gracias a que entendió que permanecer es la clave. Y cada día bajaba en Samanta con su libreta llena de notas.

A veces, Juan bajaba de la colina a las cenas familiares o a las noches de copas y uno sabía que la permanencia también hacía mella en él. Juan hablaba como pandillero por instantes, como si le costara unas horas despojarse de lo que había anotado en su libreta.

Lo que están a punto de leer son los diarios de campo de un antropólogo loco que decidió subir una y otra vez a una colina para entender qué significaba para una comunidad vivir con la Mara Salvatrucha. Juan decidió que la pandilla, para sus lectores, dejara de ser dos siglas enormes y empezara a ser una cotidianidad, unos nombres, unas dinámicas, unas palabras, unos muertos, unos niños, unas casas...

Leer a un académico alérgico a los salones aireacondicionados es un privilegio. Leerlo sobre la Mara Salvatrucha es un privilegio doble. Hay pocos grupos criminales sobre los que se haya escrito tantas estupideces en Latinoamérica. Hay desde el pretencioso que intentó vincular orgánicamente a las Maras y los Zetas, hasta el ignorante con editorial que intentó ilustrar con tatuajes de roqueros bajados de internet la simbología de las marcas de las pandillas. Hay (de esos hay todos los días) los periodistas de pizzería —que en media hora preparan y entregan— que nos hablan de los maras, que nos instruyen sobre sus ritos satánicos y su calidad de malos perfectos. Hay también algunos condescendientes académicos y oenegeneros que, sin entender ni un poquito de lo que Juan entiende, han hecho carrera con el discurso de «pobrecito marero», y han construido, como aquellos a los malos, a las víctimas perfectas.

La complejidad en el tema de pandillas es una cualidad despreciada a menudo.

Se ha producido mucha barrabasada sobre la Mara Salvatrucha. Se produjo mucha en los meses que Juan subió en Samanta la cuesta hacia la última comunidad de la colina. Se seguirá produciendo.

Juan tiene una excelente prosa. No me crean a mí, tienen en sus manos la prueba. Conoce la mesura y huye del adjetivo innecesario. Juan ha escrito muchas veces largas piezas periodísticas sobre pandillas que se han publicado en importantes medios latinoamericanos y en libros de crónicas. Juan investigaba a la MS desde antes de llegar a la última comunidad de la colina, y la sigue investigando aún ahora. En estos momentos, de hecho, trabaja en la historia de vida de un exmiembro de la MS, un exsicario de la MS, un traidor de la MS. Trabaja en esa historia desde hace dos años en los que va una y otra vez hasta el cantón fronterizo donde se esconde ese hombre sentenciado a muerte por las dos grandes letras.

La Mara Salvatrucha importa en Centroamérica —eso no lo duda nadie—, pero también importa en México y es parte fundamental de la vida de muchas comunidades latinas en Estados Unidos. La Mara Salvatrucha es una marca internacional que incluso ha intentado abrir sucursales en España. La Mara Salvatrucha es la historia del fracaso de unos países que no supieron qué hacer con unos muchachos que no sabían qué hacer con sus vidas. Es la historia de unas políticas públicas desorbitadas que crearon una marabunta de asesinos. La Mara Salvatrucha es una historia mundial. Y este libro va sobre la Mara Salvatrucha. Es más, va sobre su intimidad, sobre lo que la Mara Salvatrucha hace de puertas para adentro.

Sin embargo, si yo tuviera que elegir el argumento más poderoso para leer este libro no sería ninguno de los dos anteriores. Yo elegiría la locura de Juan. Elegiría la capacidad noble de un investigador que cree que lo que investiga es importante que se sepa. Elegiría la tenacidad de un hombre que sube en una moto una y otra y otra vez una colina temible sin que nadie le pague un dólar por ello, porque cree que lo que va a explicar puede cambiar algunas cosas. Elegiría esa locura —o esa nobleza, como le quieran llamar— porque esa locura —al igual que los buenos libros sobre la Mara Salvatrucha— escasea en el mundo.

INTRODUCCIÓN

Los relatos que se encuentran en este libro tienen que ver con el último eslabón de una cadena de sucesos y procesos socioculturales que empezaron hace mucho, mucho tiempo, y muy lejos de esta comunidad marginal de El Salvador. Un viaje vertiginoso por la historia y por América. En este texto en particular se habla de la vida de los integrantes de una célula de la Mara Salvatrucha 13 (MS-13) en San Salvador, de la comunidad que ellos gobiernan y de su guerra salvaje contra los chicos de la pandilla Barrio 18. Sin embargo, tuvieron que pasar muchas cosas antes de que estos jovencitos decidieran marcar sus cuerpos con «las dos letras» y dedicarle su vida a una de las pandillas más grandes del mundo. Tuvieron que acumularse muchas contingencias y casualidades, muchas injusticias y desigualdades, para que las dos pandillas más grandes de América se juntaran en El Salvador y se enfrascaran en el conflicto pandilleril más brutal en la historia reciente del continente.

En 1938 el escritor alemán Carl Stephenson publicó un relato corto titulado «Leiningens Kampf mit den Ameisen», que en una traducción muy libre significa «La lucha de Leningen contra las hormigas», y que versa sobre la vida de un millonario que decide fundar una plantación de cacao en la selva amazónica de Brasil. Su sueño es frustrado por una invasión de millones de furiosas hormigas que lo destruyen todo y que por poco se comen al mismo Leningen. El relato obtuvo gran popularidad en varias partes del mundo y fue traducido al inglés como «Leiningen Versus the Ants». Algunos años después el director norteamericano Byron Haskin llevó la historia al cine. Otra vez el relato sufre una mutación y en las carteleras aparece con el nombre de *The naked jungle,* protagonizada por Charlton Heston y estrenada en 1954. Fue un verdadero éxito taquillero. La globalización no era tan radical y los canales de difusión eran más bien sencillos, así que la película no llegó a El Salvador sino hasta los años sesentas, pero bajo el caprichoso nombre de *Cuando ruge la marabunta.* Poco iba quedando ya del nombre con el que el alemán bautizó su obra. En la película, el elegante Charlton Heston luchaba por defender su finca de millones de hormigas que lo devoraban todo.

El éxito de la película en El Salvador fue tal que incluso alcanzó para trasformar la palabra con la que coloquialmente la gente se refería a los grupos de amigos o las multitudes. De esta forma la «majada» dio paso a su versión moderna: la «marabunta», o simplemente la «mara».

La palabra «mara» pasó a formar parte del vocabulario cotidiano de los salvadoreños de aquellos años al grado de volverse elemento infaltable del argot juvenil. No tenía pues una connotación negativa. «Mara» definía tanto a un grupo de amigos como a una multitud bulliciosa de desconocidos.

En la década de los sesentas también sucedían cosas importantes en el país. Fue en esta década cuando comienzan a tomar fuerza los grupos insurgentes. Empezó en estos años a papalotear en la cabeza de algunos intelectuales y dirigentes obreros la posibilidad de la lucha armada para derrocar a un régimen militar apoyado por una antigua oligarquía cafetalera. No obstante, no fue sino hasta 1975 cuando empezaron a formarse seriamente los primeros grupos armados con capacidad de molestar militarmente al Estado. Todo fue cuesta abajo desde ese momento para desembocar en una cruenta guerra civil.[3] La represión contrainsurgente se agudizó (y se tecnificó con ayuda del gobierno norteamericano) y para 1979 ya se contaban por cientos los desaparecidos y los asesinados. Los dos polos en contienda eran fuertes y la guerra reclamó el concurso de miles de jóvenes que, reclutados por el ejército o incorporados a las guerrillas, se lanzaban montaña adentro a combatir al «enemigo». En este contexto, muchos salvadoreños huyeron de la guerra, algunos bajo amenazas de grupos paramilitares y otros por el mero temor a un conflicto armado. Buscaron refugio en países como Suecia, Australia, Canadá y Costa Rica; pero sobre todo marcharon hacia los Estados Unidos, en particular hacia la ciudad de Los Ángeles, en California, que ya por esos años era conocida como la meca de las pandillas. Ahí los salvadoreños constituían la migración más joven, a décadas de distancia de los mexicanos llegados como trabajadores informales a finales del siglo XIX y con el programa Braceros en los años cuarentas. Los salvadoreños que buscaban en California la tierra de leche y miel no tardaron en darse cuenta de que en ese lugar se libraban otro tipo de guerras. Cientos de pandillas chicanas[4] luchaban entre sí por el control de territorio, por lograr un mejor estatus y por cuotas de poder en las calles de la ciudad. Luchaban contra pandillas de otras etnias, como las de afroamericanos, de anglos y de asiáticos, que expresaban en sus luchas los choques raciales y la tremenda competencia que se vivía entre los migrantes y otros sectores marginados de la ciudad.

---

3 Galeas Geovani, *Héroes bajo sospecha*, Athenas, San Salvador, 2013.

4 La cultura chicana puede ser definida como una forma híbrida. Ni mexicana ni anglo. Es una cultura que incorpora valores, normas y concepciones de ambos lados y que desde esa postura crea y fabrica expresiones y valores propios. Es, en definitiva, una cultura que parte de la interacción cultural. Una cultura fronteriza y diversa.

Los salvadoreños, por su parte, tuvieron serios problemas para adaptarse. La marginación y la discriminación por parte de los migrantes más antiguos fueron brutales, y como las piedras que a mayor presión se vuelven más sólidas, los núcleos de salvadoreños se mantuvieron más unidos, más fuertes, en las ciudades californianas. El antropólogo Tom Ward rastreó en su investigación los primeros grupos antecesores de la Mara Salvatrucha a finales del 79.[5] Se trataba de una versión incipiente de lo que hoy se conoce como MS-13. Eran grupos de salvadoreños jóvenes, migrantes de primera generación que habían crecido en El Salvador de la represión y que ahora se refugiaban con sus familias en California. Llevaban el pelo largo, vestían de negro y escuchaban *black metal*. No eran una pandilla en el sentido angelino de la palabra, aunque ya entraban en conflicto con otros grupos similares a ellos como los TMC, los Rebels o los Crazy Riders, pandillas que también estaban asociadas con algún estilo de música particular.

Es entonces, en medio de múltiples mecanismos de presión y marginación, cuando la palabra «mara», al ser una palabra usada exclusivamente por los salvadoreños, se vuelve un símbolo importante de identidad. Una palabra que aún tenía sus ecos en el lugar de origen, que sonaba y recordaba a El Salvador. Esto, según el antropólogo Abilio Vergara,[6] es uno de los objetivos del argot: diferenciarse de los otros, crear una barrera intangible que pone a unos adentro y a otros afuera. De esta forma, estos grupos de salvadoreños roqueros y rebeldes eran conocidos como la Mara Sal-

5 Ward Tom, *Gangster without Borders. An ethnography of a salvadorean street gang*, Oxford University Press, Londres, 2012.

6 Bergara Avilio, *En los túneles del sentido. Violencia, imaginarios, organización social, rituales y lenguaje en las pandillas de Ayacucho, Perú*, ENAH, México, 2010.

vatrucha Stoners. Lo de «salvatrucha» no es otra cosa que una forma callejera de definirse como salvadoreño, y «stoners» coronaba el nombre con la afirmación de su identidad roquera. Entre 1979 y 1983 los distintos grupos de stoners salvadoreños empezaron a tener más relación entre sí, a estandarizar rituales de entrada y a guerrear cada vez con más fuerza contra otras pandillas hispanas. Sin embargo, al grupo le faltaba «chicanismo», su estética y su forma de vivir no cuadraban con la manera en que caminaban otras pandillas. Las cabezas rapadas, los pantalones flojos, los tatuajes y toda una tradición de pandillerismo chicano eran el sello de pandillas vetustas como White Fence 13, Hawaian Gardens 13, Artensias 13 o Barrio 38. Nada que ver con los pantalones pegados, el cabello largo y camisetas negras alusivas a conciertos de rock que usaba la Mara Salvatrucha Stoner.

Estas pandillas de viejo abolengo a las que nos referimos tenían varias décadas en el estado. Algunas fueron fundadas por mexicanos migrantes en la década de los veintes y habían tejido un complejo sistema de agresiones recíprocas e intrincadas alianzas con otras pandillas de latinos.[7]

Este sistema, que aún mantenía fuera de sí a los MSS (Mara Salvatrucha Stoner) a principios de los ochentas, fue fundado a mediados del siglo XX cuando pandilleros chicanos del sur de California, de diversas pandillas, decidieron formar un selecto grupo carcelario de pandilleros. Algo parecido a lo que hacen las selecciones nacionales escogiendo jugadores de diversos equipos. Este grupo, luego de dramáticas expresiones de poder dentro del sistema carcelario californiano, se autodenominó La Mafia Mexicana o «la Eme»; también se identifican con el número 13, ya que la M es

7 Lara Marco, *Hoy te toca la muerte. El imperio de las maras visto desde adentro*, Planeta, México, 2006.

la decimotercera letra del abecedario. Es por eso que todas las pandillas chicanas del sur de California apellidan sus pandillas con el número 13, en signo de subordinación a la pandilla de pandillas que gobierna las calles desde prisión.[8]

Para mediados de los ochentas ya muchos mareros habían caído en prisión producto de riñas con otras pandillas, robos a mano armada, tráfico de drogas, etc. Ahí comenzaron poco a poco a incorporarse al estilo de vida chicano. No solo adquirieron su estética y caló, sino también su cultura y su forma de vivir. A medida que fueron saliendo de prisión los cambios empezaron a darse en las calles de forma tal que, para 1986, la pandilla era ya conocida como Mara Salvatrucha 13. Había entrado al sistema pandilleril del sur de California y esto significaba que se volvía blanco legítimo para las demás pandillas. Es una especie de juego serio, complejo y brutal, pero juego al fin y al cabo.

La Mara Salvatrucha 13 no tardó en enemistarse con casi todas las pandillas con las que se topó. Entraron al juego de lleno y saltándose las reglas. Muchos de ellos habían pertenecido a las fuerzas armadas o a las guerrillas en El Salvador o de alguna forma tenían un fuerte lastre de violencia en sus historias. «Ellos pensaban que sabían qué era la violencia, ja fock. ¡Nosotros les ensañamos a ellos qué putas era la violencia!» me dijo una vez un pandillero veterano de la MS-13. A la nueva pandilla le salieron espinas y pinchó por todos lados volviéndose enemiga de todos.

En este contexto de guerra de varios frentes hubo solo una pandilla que los cobijó y que de alguna forma apadrinó a la MS-13 en su crecimiento dentro del sistema californiano de pandillas. Esta era una pandilla vieja que data de los años sesentas y que en

---

8 Chris Blatchford, *Mafia chicana. Memorias de René (Boxer) Enríquez*, Ediciones B, México, 2012.

un principio estaba conformada por mexicanos o chicanos, pero que luego volvió más laxos sus estándares étnicos, dejando entrar a filipinos, caribeños y centroamericanos a sus filas. Se trataba de la Eighteen Street Gang, o Barrio 18. La MS-13 caminó con ellos por un tiempo, como estructuras hermanas. Esto permitió a las clicas de la Mara Salvatrucha 13 crecer y apoderarse de territorios importantes bajo la sombra de sus mentores. Surgieron las células o clicas Normandie Locos Salvatrucha, la Hollywood Locos Salvatrucha, los Leeward Locos Salvatrucha, Coronado Locos Salvatrucha, entre muchas otras más. Pusieron sus símbolos en las paredes de los barrios y volvieron su nombre temido y respetado a fuerza de machete, balas y barbarie.

La alianza con el Barrio 18 se rompió en 1988 cerca del King Boulevard en Los Ángeles, California, en una noche de fiesta pandillera. No está muy claro el por qué, algunos veteranos dicen que fue producto de una riña entre el Popeye, de la clica de Western, con un dieciochero a quien llamaban Bóxer. Otros dicen que fue una venganza por una paliza dada a un dieciochero conocido como el Pony, quien antes había sido de la MS-13. Hay quienes afirman que fue un lío de faldas. El caso es que luego de la riña un grupo del Barrio 18 regresó a bordo de un carro y disparó con un arma automática al Shaggy de la clica de los Western Locos Salvatrucha. Lo cierto es que el Shaggy murió desangrado, que desde ese día la guerra entre las dos pandillas se ha vuelto incontenible y que ha logrado superar las fronteras de Mesoamérica.

Mientras tanto en El Salvador la guerra civil, que empezó a principios de los ochentas, llegó a su fin el 16 de enero 1992. El país quedó en ruinas. La infraestructura era un puñado de escombros y el tejido social estaba irremediablemente roto. El Salvador quedó lleno de desempleados, lisiados, huérfanos y desquiciados. El Estado se recomponía después de la matanza, y tanto los combatientes del ejército como de la guerrilla quedaron oficialmente sin empleo.

Prosperaron entonces las bandas de asaltantes, de secuestradores, de sicarios.[9] Florecieron las nada inocentes pandillas barriales y estudiantiles. Es justo en estos años que, como una mala broma inesperada, el gobierno de los Estados Unidos decidió deportar a cientos de pandilleros desde el estado de California. En su mayoría eran hombres jóvenes pertenecientes a la Mara Salvatrucha 13 y al Barrio 18. Muchos de ellos habían migrado siendo adolescentes o niños, y regresaban siendo hombres. Lo que los unía es que todos, salvatruchos y dieciocheros, conocían el sistema de pandillas californiano y habían estado algún tiempo en prisión. Se comportaron como depredadores voraces, como hormigas en marabunta. Se comieron todo a su paso. A las pequeñas pandillas barriales no les quedó más que sumarse a alguna de las dos pandillas. La otra opción era ser aniquiladas. Las clicas de la MS-13 se clonaron e incorporaron a muchachos locales. También se fundaron nuevas clicas criollas, con nombres propios. La Mara Salvatrucha 13 y el Barrio 18 prosperaron de una forma apabullante en todas y cada una de las comunidades de El Salvador a tal grado que a finales de la década de los noventas cada barrio marginal de El Salvador tenía dueño. Las tasas de homicidio se elevaron hasta ser las más altas del continente junto con las de Honduras y Guatemala. Sin lugar a dudas otra guerra había empezado, pero esta sería más larga.

Los mareros de la MS-13 instauraron las clicas o células a las que ellos pertenecían en «el norte», como la Hollywood Locos Salvatrucha, la Fulton Locos Salvatrucha del Valle de San Fernando en Los Ángeles, o la Francis Locos Salvatrucha de la calle Francis en la misma ciudad, etc. Sin embargo, con el paso del tiempo vieron la necesidad de formar clicas criollas que pertenecieran a los lugares donde operaban y así nacieron las dos primeras clicas salvadoreñas de la Mara Salvatrucha 13, muy probablemente las

---

9 Silva Ávalos, *Infiltrados*, UCA Editores, San Salvador, 2014.

primeras en fundarse fuera de los Estados Unidos. Se trata de los Sansivar Locos Salvatrucha y los Harrison Locos Salvatrucha. Estos últimos del barrio Harrison en San Jacinto, San Salvador. A estas dos les siguieron cientos más.

En el municipio de Mejicanos, uno de los más populosos y violentos de la capital salvadoreña, en las comunidades de la colina Montreal, después de exterminar a la pandilla local Gallo, se fundó en 1999 la clica Guanacos Criminals Salvatrucha de la Mara Salvatrucha 13, quienes, desde entonces, son amos y señores de toda la colina. Paralelamente el Barrio 18 hizo lo propio en las laderas de la colina. Así pues, la clica Columbia Locotes del Barrio 18 pasó a dominar una franja completa de comunidades marginales en las faldas de la colina Montreal.

Con los pandilleros MS-13 de este lugar tuve la oportunidad de convivir durante un año mientras hacía una tesis antropológica sobre la violencia de pandillas. De enero a diciembre de 2010 pude documentar la guerra entre estos dos grupos y conocer la vida de esta comunidad en medio de las balas. Este libro se confecciona en realidad con el recorte de un momento de esa guerra: es una foto instantánea de lo que pasó durante un año en la última comunidad de la colina Montreal. Aquí se presentan los diarios de campo que se escribieron en el trascurso de la investigación y sirvieron como insumo para el trabajo académico. Cabe aclarar que este texto no es un documento científico en sentido estricto. Pero tampoco es una novela. Todos los sucesos que se narran acá son verídicos y los relatos que alberga el libro fueron obtenidos a través del empleo riguroso del método etnográfico, en su sentido más artesanal. Se acerca más bien a lo que el fallecido maestro Óscar Lewis llamaba —salvando por supuesto las enormes distancias— «realismo etnográfico».

Sin más preámbulo dejo en sus manos los relatos que se escribieron allá. En la última comunidad de la colina.

Diarios de campo

La última comunidad de la colina

Este probablemente no es el mejor día para iniciar la investigación. El calendario marca 18. Malos presagios para la Mara Salvatrucha 13. Este día la pandilla Barrio 18 suele cobrar los muertos que hizo la MS cinco días atrás, el día 13. Se respira un aire tenso en toda la colina.

Mientras subimos en busca de la última comunidad en la cima del cerro, las miradas se nos van pegando como lapas y nos escoltan intimidantes hasta dejarnos en manos de otro puñado de ojos que repiten el procedimiento.

—Dale un poquito más rápido si podés, bróder.

Es Marcos, el segundo tripulante de la pequeña moto china en la que nos transportamos. Me obliga a forzar el motor hasta hacerlo chillar exhausto. La máquina puja y se queja con un grito metálico cada vez que entramos en un nuevo bache. Y Marcos repite, tratando de esconder su nerviosismo:

—Quizá mejor más rapidito, vos. Ya cuando vayamos más arriba le damos más al suave.

Las comunidades por las que pasamos tienen un aire rural. Bruscamente bucólico. Son calles de tierra y casitas con solar en donde crecen pequeñas hortalizas. Casi todas las viviendas son de ladrillo y techo de fibrocemento. Sin embargo, aún se distinguen los resabios de las chozas de lámina y cartón que fueron en algún momento. De no ser por los grafitis parecería un caserío común en los linderos de alguna ciudad. No es época de lluvias, pero cada cierto tiempo nos topamos con alguna quebradita escuálida por donde aún resiste algún hilito de agua sucia. Hilito que en invierno se vuelve monstruo caudaloso y amenaza con barrer cualquier vestigio humano de por aquí.

—Aquí todavía no es lo más paloma. Por allá está la quebrada donde botaban a los muertos.

Dice Marcos, y con estos comentarios ameniza nuestra subida por la colina. Es un hombre joven, de unos diecinueve años. Ha vivido en esta comunidad casi toda su vida. Su hermano fue miembro de la Mara Salvatrucha y él conoce estos caminos como la palma de su mano. Ahora me guía por este infierno como un Virgilio, y yo, torpe y asustado, obedezco sus indicaciones a rajatabla. Si me dice que no vea[10] hacia algún lado, no lo hago; si me dice que acelere más, presiono la moto sin chistar.

—Vaya, aquí ya dale más al suave, aquí ya es zona Salvatrucha —me dice, y por el tono con que lo hace supongo que esto debería de tranquilizarme.

Poco a poco van apareciendo en las paredes, cada vez en mayor número, grafitis de la MS-13 pintados en tinta negra o azul. A medida que subimos, los postes, las paredes, las banquetas, nos informan que los vasallos de estas dos letras viven aquí.

Llegamos a nuestro destino, la última comunidad de esta colina. En la entrada nos recibe un gran mural de la pandilla, custo-

---

10 Para aclarar el sentido exacto de algunas expresiones puede ser útil acudir al *Diccionario de americanismos* de la RAE. En el momento de redactar esta nota existe una versión en línea de dicho diccionario.

diado por un puñado de hombres jóvenes que al vernos se paran desafiantes y levantan la cara, como apuntándonos con la barbilla. Marcos los saluda. Nos escanean con la mirada y vuelven a su puesto sin responder al saludo. A guardar, como viejas beatas, a su santo de tinta.

Estoy aquí para hacer el trabajo de campo de una tesis antropológica sobre la violencia en El Salvador, especialmente la que emana de la guerra entre las dos pandillas más grandes de América: la Mara Salvatrucha 13 y la Barrio 18. Ambas sostienen un conflicto cíclico desde finales de la década de los ochentas, cuya ubicación ha venido cambiando desde las calles de Los Ángeles en California hasta posarse firme en estas tierras. Los porqués y los significados profundos de esta guerra de niños es precisamente lo que me trae hasta aquí.

Dos meses atrás comenzó el proceso de tocar puertas en las oenegés que trabajan con pandilleros, en busca de contactos que me permitieran acceder. Una a una las puertas se fueron cerrando de golpe bajo el argumento de que la situación es demasiado complicada. Al fin de tanto buscar, encontré a un sacerdote dispuesto a ayudarme. La institución que dirige lleva años trabajando en la zona y tiene contactos con la pandilla de la colina, tiene un centro juvenil en la cima de esta, y es precisamente a donde ahora me guía Marcos.

La casa es grande y está cerca del límite de la comunidad, casi justo donde termina la única calle que llega hasta acá. En la entrada nos encontramos a Gustavo pintando unas letras de colores en la pared. Es el encargado de este centro. Es joven, de entre unos veinticinco y treinta años. Habla y camina como si estuviera paseando por una playa tranquila. Da la impresión de que nada ni nadie puede perturbar a Gustavo.

Con ese mismo tono sereno y apacible me dice que el sacerdote ya le ha hablado de mí y me pregunta sobre los objetivos de mi estudio. Me deshago en explicaciones sobre el marco teórico que estoy usando, le expongo el esquema metodológico que pienso aplicar y le hablo sobre las hipótesis del estudio. Nada, silencio.

—¿O sea que querés como conocer a los pandilleros? Aquí hay varios, pero son bien tranquilos.

Me pregunta y se cruza de brazos.

—Sí... Algo así —respondo.

Me dice que si quiero continuar con vida para hacer mi estudio hay varias cosas que debo saber y varias reglas que debo observar. La primera es tajante: no mencionar nunca y menos en voz alta el número dieciocho ni usar camisas que lleven impreso ese código. Al parecer en este lugar ese número atrae a la muerte como el imán a los metales. No debo caminar solo. No me conocen y podrían confundirme con un enemigo. Marcos confirma las palabras de Gustavo con un nervioso movimiento de cabeza. Me cuentan que el último novicio de sacerdote que no tuvo presente esta regla fue interceptado por la pandilla mientras subía y lo obligaron a desvestirse para buscarle tatuajes. Gustavo me mira de pies a cabeza y desaprueba.

—No, así no podés estar viniendo, es peligroso.

Se refiere a mi pendiente y a mi corte de cabello. Me dice que debo venir más formal, más serio. Gustavo y yo llegamos a un acuerdo. Él me permitirá visitar el centro juvenil y hacer desde ahí mi investigación y, a cambio, yo tendré que colaborar con sus proyectos.

Antes de irme, Gustavo y Marcos cuchichean y luego me preguntan algo que no puedo rechazar.

—Mirá, ¿no quisieras conocer a los jefes de aquí?

Respondo que sí, y ellos me dicen que debo respetar un protocolo, me aleccionan como si fuesen a sacar de su jaula a una bestia. Me dicen que no les mire los tatuajes ni les pregunte nada, que solo me presente y me vaya.

Marcos se va hacia el traspatio con las manos entrelazadas a la altura del estómago y, al cabo de dos minutos, regresa acompañado de dos hombres. Ambos rondarán los treinta años. Uno es moreno y usa un bigote ralo que se funde con sus tatuajes, lleva la cabeza rapada y un enorme arete en la oreja izquierda. El segundo es de tez blanca y ligeramente rubio, lleva un enorme MS en la frente y me mira de pies a cabeza mientras me extiende la mano con el gesto de los que se saben intimidantes. Me preguntan mi nombre, me dicen los suyos y se retiran con pasos rápidos y flojos.

Mañana Gustavo me esperará abajo de la colina, para subir conmigo a las siete de la mañana. Al salir, frente al centro juvenil, veo un enorme mural con las siglas GCS (Guanacos Criminals Salvatrucha), la clica que gobierna esta colina.

Marcos y yo subimos a la pequeña moto nuevamente y deshacemos el camino. Poco a poco vamos dejando atrás las quebraditas, las calles de tierra y los grafitis de la pandilla y nuevamente mi Virgilio suplica:

—Quizá un poquito más rápido, bróder.

La escoba de la verdad

Son las diez de la mañana y en el patio trasero del centro juvenil cuatro pandilleros hacen media luna frente a una niña de unos quince años. Está sentada en una silla plástica y uno de ellos se pasea frente a ella con la mitad de un palo de escoba entre sus manos.

—¡No, no, nooo! Si yo ni los conozco. Si ni me llevo con ellos —dice la niña llorando e inmediatamente se escucha un golpe seco.

—¡Noooo! Si ni los conozco, si apenitas me llevo con ellos.

La fórmula se repite. Cada golpe va acompañado de una especie de gruñido, y luego más de lo mismo:

—¡Nooooo! No les he dicho nada, no les he dicho nada, si ni me llevo con ellos.

El que tiene el palo de escoba es un adolescente. Es moreno y lleva un enorme arete dorado en cada oreja, tiene un bigotillo ralo que ha atrapado un montón de gotitas de sudor. Se ha quitado la camisa y se pasea frente a la niña meneando el palo. Cuando me mira ladea la cabeza y levanta el labio superior, como un perro mostrando los colmillos. No me dice nada, solo me clava la mirada en los ojos. Los otros tres rodean a la niña y le preguntan cosas. Lo hacen rápido, sin esperar sus respuestas y de cuando en cuando solicitan el concurso del cuarto pandillero, quien sin chistar se acerca blandiendo su herramienta. Gustavo sale de su oficina y se acerca a mirar el juicio de la niña. Disimula agarrando cualquier cosa y me hace señas con los ojos para que lo siga de nuevo hacia la oficina. Una vez ahí me recomienda tener cuidado con lo que miro. Me dice que el anterior encargado de este lugar tuvo que dejar el trabajo, pues la pandilla lo amenazó. Al parecer no entendió la frase que se ha vuelto norma por estos lados: ver, oír y callar.

Hoy subimos por la colina temprano. Gustavo me recogió en el carro de la institución en el centro de este municipio. El trayecto fue mucho más tranquilo que la vez anterior. No vimos a ningún pandillero a esas horas y las miradas fueron menos pegajosas. El centro juvenil es una casa grande con tres cuartos, un gigantesco espacio de cocina y un patio trasero. No es el lugar más acogedor, y a pesar de que Gustavo lo ha decorado con viñetas de colores y carteles llamativos con información sobre el sida, aún guarda un aire lúgubre y un tanto desolador. El piso está cubierto por una especie de hollín negro que al mediodía se vuelve pegajoso. Las paredes están llenas de marcas de zapatos en su parte baja y siluetas de manos en el medio. Pareciera que cada joven que ha entrado ha dejado su marca. Corazones con nombres entrelazados, firmas, pequeños grafitis de la MS se pueden ver casi en todas las superficies de esta casa.

En el patio, el pandillero rubio al que me presentaron la vez pasada recoge las hojas con una escoba y las apila en una esquina. Salió de prisión hace algunos meses y cuando no se queda en casa de otro pandillero, duerme en el centro juvenil. Tomo una escoba y le ayudo. No escucha bien y casi tengo que gritar para hacerme entender. Se ve tranquilo, cada cierto tiempo deja la escoba y esculca los cerros con la mirada. Hablamos de cualquier cosa. Me cuenta de su mascota, un perro pitbull de pelea, del frío que hace por las noches en esta colina, de lo molesto que es escabullirse todo el tiempo de las patrullas de la Policía Nacional Civil (PNC). Llena sus palabras de «gracias», de «por favores» y «dios mediantes», como haciendo un esfuerzo por verse educado. Termina de arrear las hojas, las mete en una bolsa negra y se sienta en una silla plástica a dibujar en un papel el boceto de un tatuaje. Su nombre en la pandilla es el Destino y según me cuentan es uno de los fundadores de esta clica y su actual líder.

A medida que avanza la mañana, una procesión de pandilleros comienza a llegar al centro juvenil. Apenas saludan con un gesto brusco y se dirigen al patio en donde el Destino los espera sentado en una silla plástica. Se le acercan, le dicen cosas al oído y luego salen de prisa.

Poco a poco el patio va convirtiéndose en una especie de oficina. Los dos celulares del pandillero no dejan ni un segundo de sonar. Así, sentado en su trono plástico al mejor estilo de Al Pacino en *El padrino*, se pasa toda la mañana. Solo se levantó para dejar lugar a los cuatro pandilleros que llevaban un palo de escoba partido por la mitad y a la niña asustada a rastras del brazo.

Es hora del almuerzo y mientras comemos unas sopas instantáneas con el Destino, aparece uno de los jóvenes que torturaban a la niña. Como todos, se acerca a mi anfitrión con respeto, con cierta sumisión; y, en lo que creo es un acto para congraciarse con él, me pone un dólar en la silla.

—Vaya, para que te comprés una soda.

Obedezco. En menos de cinco minutos estoy sirviendo varios vasos de espumeante Salva-Cola. Este pandillero es un tipo bajito, moreno y de ojos vivos. Lleva un jersey negro ajustado y zapatillas Nike negras con el logo blanco a los costados. Se mueve rápido y siempre mira para todos lados como un sensor humano de movimiento. Luego me entero de que es el sicario de la clica Guanacos Criminals Salvatrucha, y que hace unos días asesinó a balazos a dos jóvenes en las faldas de esta colina que le llaman Little Down y que la niña que torturaban era una de sus novias. Otros pandilleros van llegando al patio y comienzan a hablar en una jerga de la que apenas extraigo unas pocas palabras. Algunos me miran con desconfianza, a otros les doy igual, de todas maneras creo que es mejor retirarme y dejarlos hablar tranquilos. Voy en busca de cigarros.

La calle principal, la única que sube hasta aquí, está tranquila y serena a estas horas. Desde aquí se puede ver como serpea en dirección a las faldas de la colina. La gente camina con pasos pausados. Algunas mujeres balancean cántaros y canastos en su cabeza. Una verdadera proeza en esta pendiente.

De pronto me cruzo con un pandillero. Lleva un jersey verde hasta las muñecas, del que asoman por el cuello un montón de tatuajes negros. Al verme camina más despacio y me clava los ojos. Yo nunca lo he visto, pero él parece reconocerme. Le pregunto si tiene un cigarro que me regale o si sabe dónde hay una tienda.

—Ah, cigarros querés. Simón. Yo no fumo, pero permitime, ya voy a mandar a algún bolo a buscarte uno. Busca con la mirada y de pronto se dirige a un hombre desarrapado que sube despacio por la enorme cuesta, forzando unos pulmones viejos que de cuando en cuando lo obligan a detenerse.

—¡Ey!, vos, bolo.[11] Andá a traerle al muchacho unos cigarros —le dice a gritos.

El hombre mira hacia atrás, hacia la cuesta que acaba de subir y con tono de infinita resignación me pregunta:

—¿Con mentol o sin mentol?

---

11 «Bolo», borracho en El Salvador.

La renta[12] del Destino

Se respira un aire tenso en la última comunidad de la colina. Anoche, un comando de la PNC entró a hacer una redada y se llevó a uno de los pandilleros de la clica del Destino. Los Guanacos Criminals Salvatrucha entran y salen del centro juvenil sin saludarnos ni a mí ni a Gustavo, quien lleva ya un par de horas ensimismado ante un enorme rompecabezas, del cual solo despega la vista para verificar que no haya en el suelo ninguna pieza fugitiva.

En medio del caos que hay dentro de la casa aparece Hugo. Es un niño, tiene doce años y unos ojos enormes que achina al reírse. Orbita alrededor de los pandilleros como un satélite y es una especie de protegido del Destino.

—¿Ajá, cerotas, quieren que me las pise? —dice el niño a los pandilleros y el Destino estalla en carcajadas.

Segundos después, los demás pandilleros lo imitan. La broma de Hugo fue un éxito. El único que no ríe es Little Down. Está sentado en su silla, serio como una estatua. Enreda los dedos en los amuletos que le cuelgan del cuello y de pronto se levanta y se sienta a mi lado. Hablamos un rato y, luego de contarme algunas

---

12 «La renta» con ese término la gente se refriere a una extorsión sistemática que los pequeños negocios pagan semanalmente a las pandillas. Esto sucede en todo el país.

anécdotas y de intercambiar los números telefónicos, sale de la casa. Igual que ayer, viste de negro, y cuando camina por la calle principal la gente baja la mirada y apresuran el paso. Little Down camina con pasos nerviosos, balanceando el racimo de amuletos que lo anuncian con un sonido tintineante.

Mientras tanto, en la puerta del centro juvenil, dos mujeres se recuestan en el dintel. Me piden que llame al Destino, y este de mala gana se levanta de su trono. Hablan un rato, como regateando. Una es joven y delgada, y dos niñas se aferran a su falda mientras una tercera camina con convicción de zombi hacia el rompecabezas de Gustavo. Sin embargo, Gustavo se resiste a compartir su tesoro y pone cara de pocos amigos. La otra mujer es gorda y varios años mayor que la primera. Luego de un rato, el monarca pandillero saca un puñado de billetes y se los da. Gustavo levanta unos segundos la vista de su juguete y me explica que son las mujeres de otros pandilleros que están ahora presos y que vienen todos los meses a pedirle dinero al Destino. Las mujeres no se van, siguen regateando y al cabo de un momento reciben otro puñado de billetes. Ambas lo abrazan, lo besan en las mejillas y se van satisfechas con su botín. Gustavo ha terminado de armar el rompecabezas, me lo muestra orgulloso y se apresura a guardarlo en la oficina. En su cara, la sonrisa inconfundible que deja a su paso un trabajo bien hecho.

El Destino se ha quedado en la puerta. Ve a las dos mujeres alejarse con su dinero. Mete la mano a su bolsillo, mira fijamente cada una de las monedas que le quedan y se queja:

—Puta, y dicen que a los pandilleros nadie nos rentea.

El delito de Karla

Son las dos de la tarde y el calor ha vuelto a imponer su toque de queda. Nada se mueve en la colina. Las llantas de mi pequeña moto luchan por no atascarse en la tierra suelta y el polvo forma un carnaval a mis espaldas. Todo en la colina tiene ahora el mismo color amarillento, desde las hojas de los árboles hasta la gente. De pronto, en medio de este desierto, aparece un soldado. Es como una visión. Camina solo, lleva el ritmo de la marcha militar y el dedo puesto en el gatillo de su M16. Mira para todos lados y señala discretamente con su rifle a cada persona que se encuentra. Seguramente quedó rezagado de algún convoy de los que suben todos los días a la colina. Va en dirección contraria a la mía y cuando nos cruzamos puedo ver en su cara la expresión de pánico. Nos saludamos con un gesto y se pierde en la polvareda.

En la última comunidad de la colina es lo mismo, todo duerme y el silencio es pesado y pegajoso. El sol se ensaña contra los techos de lata y hace que el agua podrida de las canaletas destile un olor tan denso que casi puede verse. Adentro del centro juvenil me encuentro a Gustavo. Habla con dos novicios que su congregación ha enviado a trabajar aquí.

En el patio trasero —la oficina del Destino— hay una reunión. Han llegado dos visitantes que discuten algo con los más viejos de la clica. En la reunión, además del Destino, están también el Dark, el pandillero que me presentaron el primer día; Little Down, el sicario; y el Maniaco, quien golpeaba a la niña con el palo de escoba hace unos días. Los dos hombres han llegado a vender algo y regatean el precio con los Guanacos Criminals Salvatrucha. Ambos pasan de los treinta años. Uno es gordo y de bigote ranchero, y tortura con su panza una playera de futbol que se estira casi hasta romperse. Parece una albóndiga humana. El otro va bien vestido, lleva camisa de botones hasta las muñecas y botas de charro. De pronto aparecen dos niños cargando dos platos de comida. Los han comprado en el comedor que está en las faldas de la colina, justo en el lindero del territorio controlado por la Mara Salvatrucha. Cada plato vale 3,50 $, un verdadero lujo por estas latitudes. Los dos hombres agarran sus platos y los devoran ante las miradas golosas de los demás. De cuando en cuando, el Maniaco abre la boca, como un pez fuera del agua, como si fuera él quien estuviera comiendo. Los visitantes terminan su almuerzo, tiran la basura al suelo y piden cigarros. Todos los Guanacos se esmeran en cumplir los caprichos de estos hombres, solo Little Down se queda quieto. Está desparramado sobre una silla plástica y los mira fijamente con una sonrisa desafiante, mientras acaricia sus amuletos.

En la calle, el sol comienza a compadecerse de nosotros y cesa en su lucha por derretirnos. La gente empieza a salir de sus casas, los niños inician su jaleo y hasta los perros, que hace unas horas eran alfombras de pelo tiradas en la acera, vuelven a la vida. Solo me acompaña Hugo, el niño apadrinado por el Destino. Se sienta a mi lado y quiebra el silencio cada cinco minutos para preguntarme cosas.

—¿Y esa moto es suya? ¿Y cómo se maneja? ¿La puedo tocar?

Me cuenta que su madre se llama Jazmín y que vende frescos frente a la casa comunal. Su hermana es Karla, la niña a la que los pandilleros torturaban el otro día con un palo de escoba. El delito que casi le cuesta la vida a Karla consistió en haber llevado a su casa a una amiga.

Así, sin más. El problema es que su amiga vive en el centro del municipio, en las laderas de la colina, allá donde gobierna el Barrio 18. A Karla le perdonaron la vida luego de interrogarla. Sin embargo, la clica decidió que ya no le permitirán seguir estudiando. La escuela a la que asistía también queda en territorio enemigo.

En la esquina, una mujer prepara un canasto de pan y una romería de gente comienza a llegar como atraída por un gran imán. Las primeras luces se prenden, y en medio de ese claroscuro del final de la tarde se escuchan los primeros cánticos de las iglesias evangélicas. Hay varias, y todas luchan entre sí para ver cuál eleva más alto sus alabanzas a Dios. Una batalla de decibeles. Gustavo cierra el centro juvenil y los Guanacos Criminals Salvatrucha salen casi a la vez que los dos visitantes. Seguro han hecho buenos negocios. Los extraños señores se montan a un carro y bajan a toda velocidad por la colina. Ha caído la noche, y el Destino y sus pandilleros se apoderan de una esquina para fumar marihuana y flirtear con el puñado de admiradoras que los rodea.

En el fondo de la calle, la comunidad católica se prepara para hacer frente a la ofensiva sonora de los evangélicos. Son una tropa de ancianas que rezan el rosario y cantan salmos. Pero por más que se esfuerzan —doy fe de que lo hacen— no logran competir con los alaridos iracundos de los pastores que con cada gritada parecen querer espantar a todos los demonios del infierno y al mismísimo Lucifer.

Es tarde y es hora de irme.

En la bajada, casi al principio de la colina, una patrulla de la policía ha detenido a una buseta que sube taponeada de gente. Los policías alumbran los rostros desde la cama del pick-up, y uno de ellos grita algo al conductor. Adentro, la gente se ve tranquila, se apretujan unos con otros y miran la escena con resignación, desde el fondo de su lata de sardinas.

Augurios de guerra

Son las doce del mediodía y el aroma del almuerzo hace procesión por la comunidad. Es un olor producto de la mezcla entre sopa instantánea, huevos, frijoles y tortilla, mucha tortilla recién hecha. A esta hora, la comunidad se divide en dos grandes grupos: los que tienen y los que no. Lo que determina quiénes estarán en estos grupos es una débil economía de ciclos diarios, sin espacio para mucha previsión. Si se ganó algo por la mañana, se almuerza; si no, habrá que esperar hasta la cena, a ver si la tarde fue más fructífera. Si llegada la noche no hay nada que echarle a la olla de agua hirviendo... pues eso, nada. Quizá mañana sea un mejor día.

Los primeros se refugian en sus casas a cocinar lo que han conseguido, multiplican con agua si es muy poco y aperándose de tortillas para complementar. El segundo grupo, los que no tienen, lo conforman los borrachos y los vagabundos de la comunidad, algunos niños que husmean desde lejos las ventanas y aquellos a los que la mañana no les dejó más que la esperanza de una tarde mejor. En el patio del centro juvenil, el Destino ha dejado su plato a medio comer y habla con los dos misteriosos hombres que también vinieron ayer. Al parecer estos han venido a entregar lo que el Destino regateaba con tanta insistencia. El que parece charro mexicano está nervioso, taconea con sus botas en el suelo y hace bailar su cigarro entre los dedos.

—Destino, que posteen. Tenés a los perritos postiando, ¿va? —se dirige al Destino señalando hacia el cerro y hacia la calle que baja de la colina. Y lo del verbo, pues ya es de uso coloquial. Postear, hacer de poste, vigilar fijamente, como un poste con ojos.

—¡Simón! —responde, con tono de haberse ofendido por la pregunta.

Efectivamente, los Guanacos Criminals Salvatrucha están regados por todos lados. Llevan patrullando la comunidad y los cerros que la rodean desde la mañana. Van en grupos. A lo lejos veo al Maniaco. Está apostado en la entrada de la comunidad con la mano metida bajo la camisa. A su lado está Bernardo, uno de los aspirantes a pandillero. Lleva ya algunos meses tratando de entrar a la clica, pero hasta el momento solo ha conseguido que le asignen tareas de menor relevancia. Es alto y flacucho, tendrá unos quince años, y con su cara invadida de acné es la viva imagen de la adolescencia. Ahora se para a la vera del Maniaco y estira el cuello husmeando hacia abajo la calle principal.

El Noche, el pandillero que envió al borracho cuesta abajo a traerme cigarros, camina seguido de una pequeña patrulla de jovencitos. Lleva una camisa polo hasta los codos que deja ver sus brazos llenos de tatuajes. Pasa a mi lado y, a forma de saludo, construye con sus dedos la garra salvatrucha. El último de su patrulla es Moxy, otro aspirante a pandillero. Se separa de su grupo para tocar mi moto.

—¡Ey!, esta moto está algo maniaca. Tipo, yo puedo manejar de estas y de unas todavía más grandes. Pregúntele a Little Down, si a él lo he llevado hasta allá, ¿va?

El Noche le avienta una mirada leonina y Moxy regresa a la tropa que se pierde en dirección a los cerros.

Little Down no patrulla. Acompaña al Destino en su negociación con el visitante con pinta de charro. De pronto, los dos hombres sacan del baúl de un carro una bolsa negra y se la pasan de mano en mano. Adentro hay algo ovalado y pesado, como un mango. Cuando le llega el turno a Little Down de acariciar lo comprado, sonríe de buena gana. Parece un niño con juguete nuevo.

—¡Ey, perros, vengan a traer el clavo, pues! —grita el Destino, y una jauría de pandilleros llega, toma la bolsa y desaparece por los pasajes de la comunidad, como si esta se los hubiese tragado. Todo vuelve a la calma.

Son casi las tres, y la comunidad comienza a sacudirse del letargo. El sol hace brillar los techos de lata y alarga las sombras hasta deformarlas. El sonido del reguetón lucha por borrar los últimos rastrojos de la abulia de la tarde y se funde con una sinfonía de gritos. Son del anciano de la esquina, a quien, según cuentan, una bruja le robó el juicio y lo hace luchar todas las tardes con un puñado de demonios que lo atormentan.

En el centro juvenil, el Destino, los visitantes y otros pandilleros están sentados en las gradas y observan divertidos un pequeño espectáculo. Hugo, quien ha estado desaparecido toda la tarde, atormenta a golpes a Moxy. Está ansioso por seguir robándose el show, y cada carcajada del Destino le da nuevo aliento. En la cara de Moxy se ha alojado una sonrisa nerviosa que se tuerce cada vez que el niño le asesta un nuevo golpe en las costillas. El jovencito mira a los demás con cara de ya estuvo, suplicando que le permitan defenderse, pero los Guanacos Criminals Salvatrucha se están divirtiendo y Hugo no da señales de querer parar.

La clica del Destino se prepara para algo. Nuevos integrantes están siendo admitidos y se abastecen de lo necesario para iniciar su aventura. Hace unos pocos días, en el centro de San Salvador, una granada industrial M67 hizo volar en pedazos a cuatro miembros del Barrio 18, y otras más han detonado en diferentes partes del país. La gente de la comunidad, y de toda la colina, sabe cómo leer estas señales y se prepara para la guerra. Las tiendas cierran más temprano, la gente camina con más prisa, las miradas son más esquivas, las casas se cierran como pequeños búnkeres cuando llega la noche. En general, se respira un aire lúgubre con olor a muerte por toda la comunidad. La carroza de combate de la Mara Salvatrucha comienza lentamente a moverse.

Los payasitos de la mara

—¡Ey! ¿Ya comió, perro? —El Destino a manera de saludo a cada pandillero luego de chocar las manos en forma de garra.

A mi derecha, sentado en una silla, está el Noche que alardea con su nuevo celular y se burla de Tombo, un pandillero de otra clica que ha venido a reforzar a la Guanacos Criminals Salvatrucha. A mi izquierda están Hugo y Moxy, este último aún adolorido de la paliza que, a manera de juego, le propinó ayer Hugo. Atrás del grupo, Little Down regaña a alguien por teléfono. Frente a nosotros, el Destino destapa las bolsas que contienen nuestro almuerzo, y todos, tortilla en mano, caemos sobre los platos. Más que comer, atacamos el arroz con chorizo y el pollo encebollado, que en pocos minutos comienza a ser reducido por las pirañas humanas en que nos hemos convertido.

Little Down, a pesar de nuestra insistencia, se rehúsa a probar bocado. Nos mira con aire paternal, como con cierto desdén. De repente se levanta y pone, casi lanza, en medio del círculo, un litro de Salva-Cola que la jauría se empina golosa. Ninguno del grupo ha desayunado.

La dinámica a esta hora es simple, los pandilleros van tirando billetes y monedas en el centro de un círculo hasta hacer un montoncito. Luego mandan a algunos de los novatos a traer la comida a las laderas de la colina. Es un trabajo arriesgado. Allá abajo viven los Barrio 18 y hay que pasar frente al puesto policial. Los soldados deambulan también por esos lados. Es una empresa peligrosa la de ir a traer el almuerzo. Sobre todo porque los que van son los menores, los más inexpertos. Sin embargo, por ser novatos aún no son reconocidos, no tienen mucho bray,[13] y ni la policía ni el Barrio 18 los relaciona con la MS.

Cuando la comida llega es una fiesta, cada quien agarra una tortilla y come lo que puede. No importa la cantidad ni cuántos pandilleros haya, todos comerán al menos un bocado. Hugo me mira con la boca llena y sonríe. Los dos platos comienzan a quedar vacíos, y la Salva-Cola se ha convertido en sonoros eructos. Los cigarros se prenden para la sobremesa.

—Mira, perro, ¡puta!..., tipo que hace poco me tocó disfrazarme de payaso, maje, para la fiesta de un sobrinito mío —le dice Moxy al Noche, y comienza a contar su anécdota.

La pasada es buena, y aunque exagerando, el jovencito la cuenta con gracia. Imita el caminado de los pingüinos y logra robarnos alguna risa. El momento es agradable, pero Little Down tenía una mejor historia que contar.

—Yo también me disfracé una vez de payasito, men. ¡Ja! Compadre, pero solo para ir a darle una gran matada a un maje. Así, bien pintadito me fui, y disfrazado bien cabal de payasito. Y el maje: «Ah, miren al payasito». Va de vacilarme el pendejo, me había agarrado de base. Cuando se volteó y me miró, cabal, solo le dije: «Feliz viaje», y ¡pam, pam, pam! Le metí como diez bombazos en la cara. Ahí quedo tirado el pendejo.

Así terminan las historias de payasitos en la Mara Salvatrucha.

---

13 «Bray» es una palabra usada por los pandilleros para referirse a que están siendo muy buscados. También a que la gente o la policía ya los conoce.

Semos malos

Es temprano y el día ha empezado húmedo y caliente. Hace apenas un par de horas que la última estrella dejó de titilar y el sol aún no apunta con fuerza. Las gotitas del rocío de la noche bailan dudosas en los picos de las hojas y la gente que habita la última comunidad de la colina comienza su romería hacia las laderas, a las calles, a rascarle a la capital algo que poner sobre la mesa en unas horas.

A veinte metros del centro juvenil, un hombre yace sobre la acera con la cabeza reventada y con la mueca de pánico que le dejaron los cuatro tiros que recibió. Lo mataron hace un rato y el cuerpo todavía sangra.

Estoy parado frente al cuerpo y conmigo están los primeros curiosos. Son, en su mayoría, mujeres y niños. Solo están ahí. Ni siquiera hablan del asesinato. Unas se cuentan chismes, otras hablan de lo que vendieron el día anterior, los niños corren y juegan alrededor de sus madres.

La gente se va reuniendo como en la entrada de un circo. Entre las mujeres está Jazmín, la madre de Hugo, que ha puesto un enorme guacal en el suelo y le hace caricias al bebé que una joven carga en brazos.

Llegan los policías. Llegan despacio, sin prisa. Son cuatro hombres gordos que caminan aletargados hacia el cadáver, estirando de cuando en cuando con un bostezo los gorros pasamontañas que esconden sus rostros. Llenan un formulario, ponen la cinta amarilla y se recuestan en la radio patrulla a esperar.

Los policías están esperando al equipo de Medicina Legal y a los investigadores de la fiscalía. Ambos se tardan un rato en aparecer. Cuando llegan se saludan e intercambian bromas, parecen conocerse de años. De repente, dando tumbos por la calle principal, aparece la camioneta de un canal de televisión. Ahora que están todos comienza una siniestra función.

—Empecemos, pues —dice uno de los investigadores, y el cadáver comienza a ser fotografiado por los policías y los fiscales. Lo mueven de un lado a otro buscando casquillos de bala y le registran las bolsas.

—Mírale si anda drogas o si anda mecha —dice uno de ellos, el que llena el formulario. Nada, de las bolsas del hombre solo salen unas monedas, suficientes apenas para pagar dos buses.

—¡Tatuajes! —pide con un grito.

Dos tipos le levantan la camisa, le bajan los pantalones, le revisan las manos y el cuello, nada tampoco. La gente ha interrumpido el murmullo y miran la escena en silencio. A cada vuelta el cuerpo suelta un chorro de sangre que se escapa cuesta abajo y provoca un murmullo de emoción en los niños, los espectadores más atentos.

Al lado del cadáver hay una maleta que ya se ha empapado de sangre.

—¡Ey!, revisá la maleta. Mirá si no hay armas ahí —dice nuevamente el policía, y al levantar el bulto un sonido metálico hace voltear las cabezas. Al abrirla, una a una van saliendo sus armas: un martillo, un serrucho, un desatornillador, un puñado de clavos...

El hombre era un carpintero de la comunidad. Estaba esperando el bus para ir a trabajar cuando uno de los Guanacos Criminals Salvatrucha le pegó cuatro tiros en la cara. Nadie sabe muy bien quién fue ni por qué lo hizo. Nadie quiere saberlo y, por lo que veo, esto incluye a la policía.

La gente poco a poco va despejando el lugar mientras los policías esculcan el cuerpo como quien busca en la basura. Los periodistas luchan por estacionar su camioneta en un espacio diminuto, en uno de los pasajes empinados de la comunidad. Del vehículo se baja un hombre enorme cargando una cámara. Por cada movimiento, por leve que sea, bota un chorro de sudor y un rosario de maldiciones. Detrás de él, baja una jovencita con un micrófono. Viste elegante y apuñala el polvo con sus tacones. Desentona en este entorno como un pingüino en el desierto.

—¿Saben el motivo del homicidio? ¿Ustedes conocían al muerto? —pregunta medio frenética a la gente.

Nada, silencio. De pronto, algo: «No, no sabemos nada, yo no había salido de la casa cuando lo mataron». Lo más que tendrá.

La mujer baja el micrófono decepcionada mientras el gigante de la cámara apunta el lente hacia el cadáver. Lo hace por largo rato, como esperando que haga algo.

La guerra ha comenzado. Los GCS están replegados en el centro juvenil. Están nerviosos y sus celulares no paran de sonar. Este lugar se está convirtiendo en su cuartel general. Los más jovencitos están callados, se les puede ver el miedo en los ojos. Otros, los que ya conocen estas guerras, bromean y hablan emocionados. El Destino habla con Little Down en la cocina. Al verme, corre a saludarme y me ofrece una silla con un gesto de exagerada amabilidad. Veo a los jóvenes que me rodean ahora y pienso que cualquiera de ellos pudo haber matado hace algunas horas al carpintero. Escarbo en sus rostros con la mirada y no veo el menor rastro de culpa ni de remordimiento. Parecen acostumbrados a esto. Esta no es la primera vez que pasan estas cosas. Hace menos de un mes, un carro subió por la colina y acribilló a balazos a dos jóvenes. Ambos sobrevivieron, uno con lesiones graves a la altura del abdomen; al otro las balas lo castraron. Se dice que fueron los chicos de una clica del Barrio 18 que al igual que los Guanacos han hecho suyas algunas comunidades del centro del municipio. Se han fusionado con ellas. Estos pequeños reinos son la comunidad Polanco, Jardín y El Hoyo. Apenas a unas cuadras de la Buenos Aires. La clica en cuestión ostenta el pomposo y rimbombante nombre de Columbia Locotes-Tiny Locos. Contrasta con lo flacucho de sus integrantes. Está, como los Guanacos, conformada por muchachitos de menos de veinte años años.

Se dice también que los Guanacos preparan su revancha. Ha llegado la tarde y en la escena del crimen ya no hay nadie. Una mujer lava la sangre de la acera y, a cinco metros, Jazmín ha puesto su venta de frescos y horchata. La comunidad ha regresado a esa calma ansiosa de todos los días. Solo una mujer llora, marchita y azorada, sobre la acera. Su llanto se ha convertido en un ronquido silbante y amargo que entra y sale de su pecho. Hace una máscara con sus manos de la que emana una hilera de gotitas trasparentes. A su lado, una mujer más joven la consuela y le acaricia el pelo.

—Ya estuvo, ya está con Dios, ya está descansando —le dice entre sollozos mientras el carpintero huye colina abajo embolsado sobre la cama de un pick-up.

El mito

El Destino se acomoda en su silla plástica y hecha una mirada a la pequeña tribu que se reúne a su alrededor. Son todos adolescentes. Algunos ya han sido iniciados en la pandilla, otros son aún chequeos, a la espera de ganarse la entrada a la clica de los Guanacos Criminals Salvatrucha. Entre ellos están Bernardo, el Chele y Hugo, el más pequeño de todos los aspirantes. Esto no es un meeting, o reunión formal de la pandilla, es simplemente el Destino contándoles leyendas a los novatos.

—Miren, puta, allá en mi antigua clica había un homeboy, el Demonio se llamaba. Ese loco era pactado, tenía pacto con el diablo, pues —dice el Destino e inmediatamente suelta un gran escupitajo, se quita la camisa para exhibir sus tatuajes y carraspea. Los ojos de los muchachos se abren como lunas llenas y reina el silencio—: Ese vato, cuando nosotros nos reuníamos, preguntaba: «¿Ya están todos?». Para los *mirin,* va. «Sí», le decíamos. Y entonces movía los brazos y todas las ramas de los palos empezaban a moverse, men. Gran miedo que nos daba, todos temblando. Cuando llegaba la jura, todos salíamos corriendo, y él nada, men. «¿¡Ey!, y ustedes por qué se esconden?», nos decía, y él pasaba con dos pistolas, una en cada mano, y pasaba a la par de la patrulla. «¿¡Ey!, qué ondas, a mí me andan buscando?», les decía. «No, no, Demonio, rutina nomás», le contestaban. Y se iban bien timados los culeros. En el tabo, ese homeboy se hizo cristiano, y los demonios lo llegaban a atormentar en la noche, simón. Había otros homeboy que no creían. Yo, porque lo había visto desde antes. Decía él que no lo dejaban en paz, que llegaban en la noche a andar saltando en las camas. Yo una vez estuve ahí y los escuché, andaban saltando: ¡hii, hii, hii! Así le hacían.

»A veces, a la celda de él, llegaba el cachudo a reclamar el alma del homeboy, y dicen que desde abajo solo se miraban unas patas así, tipo de oso, y un gran tufo. Simón, era el diablo que quería el alma de ese vato.

Los muchachos han quedado impresionados con la historia, y el Destino se recuesta satisfecho sobre el respaldo de la silla.

En la guerra de pandillas no solo hay momentos de caos y de muerte, también hay pequeños remansos de calma. Hoy, por ejemplo, no ha sucedido nada y la comunidad parece tranquila. Los pandilleros están replegados en el centro juvenil, su cuartel general, y no parecen estar planeando nada. Yo, por mi parte, me limito a estar ahí y a escucharlos. Algunos me preguntan cosas, nada muy profundo, quieren saber si hay muchachas guapas en la Universidad de El Salvador, si no me aburro de pasar cinco años estudiando, quieren saber por dónde vivo y si hay muchachas guapas ahí.

—Mire Juan, en la Mara uno se puede morir por tres cosas. Por matar a otro homeboy, aunque sea sin querer, aunque sea accidente, no importa, el que derrama sangre de homeboy es peseta, así les decimos porque no valen nada, pues. A esos pendejos se los lleva putas porque los quiere matar la Mara, los chavalas[14] y además los sigue la policía. Están hechos mierda por todos lados.

»Uno se puede morir por sapo, por andar hablando con los juras y dando información de lo que hace la pandilla. Y uno se muere también por ¡culero!

Los aspirantes sueltan un coro de risas.

---

14 «Chavalas» es una palabra que los MS suelen utilizar para referirse a sus enemigos del Barrio 18. Al feminizarlos tratan de degradarlos.

—¡Sí, por culero! Puta, si andás cogiendo culeros te bajás el plante y le bajás el plante a la pandilla. Vaya dice uno, no se pudo conseguir ni una gorda, ni tan siquiera una perra vieja, ni una así toda fea.

Termina el discurso y el Destino vuelve a ponerse su camisa, como indicando que la sesión culminó.

En la oficina está Gustavo y, aunque su cargo suena pomposo —director del centro juvenil— sus labores hasta ahora se han limitado a abrir la casa por las mañanas y cerrarla por las tardes. Hace unos días, Gustavo le llamó la atención a un pandillero por entrar armado y fumando un puro de marihuana. Al joven esto le pareció una ofensa terrible y solo el Destino pudo evitar que aquello acabara en tragedia. Desde ese día, Gustavo se limita a sancocharse en su oficina, frente a una computadora vieja.

—¡Ey!, Juan, con vos quería hablar —me dice al verme pasar frente a su oficina.

Gustavo me explica que se ha abierto un programa de refuerzo escolar con niños de la comunidad y que la junta directiva ha solicitado al personal del centro juvenil apoyo en esta empresa, es decir a Gustavo. Concretamente me pide ser el maestro de los niños por las tardes. El refuerzo escolar se llevará a cabo en la casa comunal, un local grande y lúgubre. Ahí ya trabajan como profesores dos novicios que la congregación ha mandado. Sin embargo, no dan abasto. Accedo, creo que esto me permitirá estudiar desde otro ángulo la guerra que está empezando.

—Si querés andá a darte una vuelta, ahí están ahorita —me dice y vuelve a ponerse los audífonos que lo conectan a la computadora.

En la casa comunal, los dos novicios lidian con una manada de niños que se suben por todas partes. Los dos muchachos están asustados. Será un trabajo complicado.

Es tarde y el sol dora la colina. Una ráfaga de viento ahuyenta por unos segundos el calor y se roba del suelo las hojas muertas. Los que se fueron por la mañana comienzan a regresar, suben la pendiente despacio, con calma. Los que han tenido suerte vuelven con sus canastos vacíos. Otros aún llevan mercancía que no consiguieron vender. Para estos últimos, la cena, en caso de que haya, será más escueta.

Los Guanacos Criminals Salvatrucha han salido del centro juvenil y se apostan en una esquina a escuchar la música que sale del celular de Little Down. La divierta no les dura mucho. Desde lejos se ve una patrulla de la policía que sube como escalando la calle principal y los pandilleros corren nuevamente a su refugio.

Adentro, el Noche se atraganta con un mango verde y el Destino escribe algo en una libreta. Hugo ha encontrado una pelota y practica su puntería con los demás pandilleros que soportan los pelotazos con resignación. Little Down está molesto, no le gusta tener que esconderse de la policía. Según me cuenta, prefiere espantarlos a balazos, pero la situación no está para ganarse más enemigos. Echa una mirada de odio a Hugo, y este deja la pelota y se refugia a la vera del Destino.

Cae la noche y los aires de guerra vuelven a sentirse en la última comunidad de la colina. Las casas comienzan a cerrarse, los que van llegando parecen rezagados de un gran maratón, apresuran sus pasos y se esconden en sus casas. Al bajar, me cruzo con varias patrullas de la policía que suben a todo motor por la colina, y una vez abajo, en el centro del municipio, dentro del dominio de los Columbia Locotes, varios ojos me miran huraños, como se mira a un enemigo.

El juego

Hoy es mi primer día como profesor del refuerzo escolar. Para romper el hielo con los niños organizo un juego. Policías y ladrones. A la hora de elegir los bandos todos me piden ser ladrones.

No hay hombres en el jardín

Hoy el calendario marca 18 y en la última comunidad de la colina todos tenemos miedo. Es un día tenso y triste para los Guanacos Criminals Salvatrucha. En esta comunidad el enemigo es el mismo para todos: los Columbia Locotes del Barrio 18. Incluso para la gente que no pertenece ni tiene vínculos con la Mara Salvatrucha. A la inversa es igual, la gente de aquí no es bien vista en las comunidades de las laderas de la colina o del centro del municipio como la Polanco, la Jardín y El Hoyo. Esta guerra lo separa todo.

Estoy en la entrada de la casa comunal esperando a mis alumnos. Poco a poco van llegando y se acomodan dentro del local. Aprovecho para hablar con la madre de Hugo y Karla. Jazmín lleva ya un par de años vendiendo horchata en estas gradas, y las guerras como la que ahora se vive por acá, le son familiares.

—A mi marido, el papá de los niños, me lo mataron en el 2006. Yo siempre pienso, fíjese, que si él estuviera vivo mis cipotes[15] no andarían en los pasos que andan. Porque él sí era tremendo, a él sí le tenían miedo. Vaya, ahora la Karla a saber dónde andará, no sé si está con el hombre o con quién carajos se habrá ido.

—¿Y quién es el hombre? —le pregunto.

15 «Cipotes», niños en El Salvador.

—Ese, usted, el Little Down. Ya antes se había ido con él. Ahí estuvo viviendo en la casa de él, pero mire, si ella es una niña, ella ni sabe lavar ropa de hombre, ni sabe cocinar. Vaya, porque en la casa yo lavo la ropa del niño y la mía, a cocinar no la pongo porque me quema la comida, y ahora que venga él a penquearla por no saber esas cosas. Eso me dio cólera. Yo fui a hablar con él. ¡A mí me valió! «Mire», le dije yo. «A mí me vale lo que usted sea. Ya vi como me mandó a la cipota toda golpeada y eso a mí sí me da cólera. Si me le llega a pasar algo a la niña yo sí me voy a enojar y no respondo». ¡Y me vale riata irme de aquí! Por ahí dicen que ahora él es el que va a llevar la palabra aquí, que ya no va a ser el Destino, yo no sé. A mí me vale, yo por mis cipotes soy capaz de todo.

«Mire», le dije yo a Little Down. «Si el papá de ellos estuviera vivo usted ya no estaría aquí, pregunte cómo era él. Pregunte», le dije yo. Porque mire, Juan, el papá de los niños sí era cosa seria, él no andaba con babosadas.

—¿Y por qué lo mataron? —le pregunto.

—Un 5 de junio me lo mataron. Lo que pasa es que se había metido a una banda. No así de pandillas, sino que a una banda. Como quizás a él no le alcanzaba el pisto, como usted sabe que a los hombres con varias mujeres no les alcanza el dinero, y él tenía otra mujer y otros hijos.

Todos los niños están dentro y la clase debe comenzar. Dejo a Jazmín casi con la palabra en la boca y entro.

En el interior del local los dos seminaristas se las ven a palitos para controlar al grupo de niños y adolescentes que reciben refuerzo escolar. El conjunto de voces de los niños hace un sonido ininteligible, como de abejas enfurecidas. En una esquina, Kevin, un niño de doce años, aplica a uno de los seminaristas una llave al brazo mientras ríe y llama a los demás para que vean su hazaña. En una mesa, otro niño escribe sus iniciales con una cuchilla de unos ocho centímetros mientras los demás niños corren persiguiéndose unos a otros alrededor del otro seminarista que repite, como una grabadora descompuesta, cada dos minutos:

—Niños, compórtense. Hagan las tareas —dice con la mirada extraviada y el tedio en el rostro.

Corro a liberar al nuevo pasionista de las garras de Kevin que inmediatamente replica la técnica en otro niño. Trato de formar un grupo con los niños que corretean, pero es imposible. Si logro que Karen se siente, Melvin se levanta y ataca con un cuaderno a Brian. Si consigo, luego de muchas súplicas y zalamería, que Cindy se siente a hacer su tarea, Pamela me jala la camisa llorando para decirme que Alejandro le ha quitado sus cosas. En efecto, el niño ha hecho un círculo alrededor suyo con los lápices y los cuadernos de Pamela, y hace angelitos en el suelo. Se ve tan contento que me da una tremenda pena despojarlo de su botín. Pero Pamela está inconsolable.

EN UNA esquina, una niña de ojos grandes y pelo negro, largo, largo, mira a los demás correr y brota de sus enormes ojos un goteo incesante de lágrimas.

—¡Naa, siempre viene así! Esa niña es rara —me responde el más amanerado de los seminaristas cuando le pregunto por ella.

Me acerco despacio, me siento a su lado sin decirle nada, y la niña me mira con temor, aprieta sus piernas y baja la mirada como si estuviera ante un monstruo. No tendrá aún diez años, tiene los labios pintados de rojo encendido y una minifalda demasiado corta para una niña.

—¿Qué te pasa, princesa? —le pregunto mientras imito su gesto.

La niña me responde halando su pequeña falda hacia abajo, como ocultando un tesoro. La angustia se le enciende en la mirada. Le digo que pintemos algo y le acerco una hoja de papel y una caja de colores. No me dice nada pero los toma. Se mueve despacito y como con miedo. Ordena los lápices y comienza a pintar. Me paso la tarde a su lado y casi logro sacarle una risa con lo burdo de mis dibujos. Poco a poco y en silencio va apareciendo en su papel un jardín. Tiene muchos colores, es como un parque. Está iluminado por un sol sonriente y rechoncho, lleno de columpios y subibajas, y con muchas niñas corriendo por todos lados. En su dibujo todas las niñas son felices. No hay hombres en su jardín.

Se termina el refuerzo y las abejas se van con su ruido a perderse en los pasajes de esta gran colmena. La niña queda rezagada, camina despacio con su dibujo entre los brazos detrás de la marabunta de niños que se aleja.

Me quedo en la puerta de la casa comunal con un nudo en la garganta que no me deja respirar.

—¡Ey!, Juan, vamos a jugar pelota, pues —me grita uno de los Guanacos Criminals Salvatrucha mientras rebota una pelota sobre el polvo. Lo he olvidado por completo. Hace unos días me comprometí a jugar futbol en la cancha de la comunidad.

Quien me grita es el Guapo, un pandillero de unos veinticinco años que tartamudea cada frase. La descripción del Guapo es la misma que en los medios de comunicación escuchamos de los «sospechosos»: tiene cabello negro, ojos negros, mide 1,60 de estatura, complexión delgada, no lleva tatuajes y es de tez morena.

Aunque me da mucho temor le digo que sí. Me explica que iremos a la cancha que queda bajando las barrancas de la comunidad, y que no me preocupe, que no es un partido serio, simplemente son los hombres de la comunidad que quieren matar el tiempo.

Mientras bajamos una pendiente llena de piedras, por mi cabeza pasan un montón de artículos periodísticos en los que el fin de la historia invariablemente es el mismo: un montón de jóvenes asesinados en la cancha de una comunidad en una zona de pandillas. Mi cabeza, como un calendario enloquecido, me recuerda la fecha de hoy una y otra vez: 18 de febrero, 18 de febrero, 18 de febrero.

El pandillero me dice que debemos doblar en un callejón y bajar por una pendiente llena de piedras y llantas viejas. Al fondo de la pendiente hay un terreno yermo y polvoso. A los costados, los hombres han improvisado unas graderías con llantas de camión rellenas de cemento y tierra. Decenas de murales de la MS y de la clica de los GCS se ven en los muros que rodean este predio.

Ya hay varios hombres jóvenes esperando la pelota que el Guapo lleva en las manos. En una esquina, sobre la yerba, descansa nuestro equipo. Algunos me miran con desconfianza, otros inmediatamente se lanzan a hacerme bromas. Algunos tatuajes asoman por los bordes de las camisas y las calzonetas. No logro distinguir a los pandilleros de los demás. La dinámica consiste en formar varios equipos de siete jugadores. El equipo que recibe un gol es sustituido por otro. Y así, sin más, empezamos a jugar.

Comienza el partido y el Guapo en una jugada relámpago despunta por la banda derecha hasta llegar a la línea del saque de esquina. Lanza un centro. Un muchacho alto y delgado se estira como puede para cabecearla, pero nada. El portero ha salido y manotea el balón. Ahora, los demás se lanzan contra nuestra meta que está custodiada solamente por este asustado antropólogo y un hombre de unos cuarenta años a quien llaman el Negro. Es nuestro portero. Los delanteros contrarios avanzan cada vez más y mis compañeros de equipo me gritan:

—¡Vaya, Lic, dele con todo, mócheselo, mócheselo!

Al Negro solo le falta salir de su meta y darme un empujón. Al final, decido arremeter contra el delantero que ya está a diez metros de mí, y me lanzo con los ojos cerrados en una barrida con tijereta. Escucho un zumbido fuerte al lado de mi cabeza. El delantero disparó. No puedo ver nada más que una nube de polvo alrededor mío. Temo lo peor, me paro y volteo tan rápido que no me da tiempo para ver que en mi estúpida barrida había hecho pedazos mi pantalón. Todo está bien. El Negro, tirado en el suelo, abraza la pelota como a una mujer hermosa, con ganas. La jugada se repite varias veces e invariablemente ese delantero se las ingenia para dejarme tirado en el suelo con mi ropa hecha pedazos, envuelto en las miradas de reproche de mi equipo y vilipendiado de las formas más grotescas e ingeniosas que se le ocurren al Negro.

El partido continúa y las graderías se van llenando de aficionados y de nuevos equipos que esperan su turno para jugar. La cosa se pone cada vez más emocionante. Las tribunas comienzan a gritar groserías desde sus butacas-llantas como en un estadio de verdad. Los ánimos comienzan a calentarse y los porteros nos dan indicaciones a grito pelado. De pronto dejo de ser el Lic y el Negro comienza a maldecirme como a los demás.

—Movete bicho, por la puta, aunque sea la lengua sacale a ese perro.

El Guapo es nuestra estrella. Lleva ya como quince tiros a marco. Todos sin éxito. De pronto me llega el balón, y el mismo delantero del principio, que ya me ha hecho pasar varias vergüenzas, se me acerca pateando el suelo al mejor estilo de un toro bravo. Me amaga para un lado y para el otro, cierra y abre las piernas invitándome a pasar y de las graderías comienzan a salir murmullos. Se están burlando de mí. Siento en el pecho una enorme presión y decido moverme sin pensarlo mucho. Hago un amague a la izquierda y le doy un toquecito al balón que pasa rodando lentamente por en medio de las piernas del muchacho. La tribuna grita un largo «oooooole», y yo le pego al balón con todas mis fuerzas. El Guapo lo recibe con el pecho y lanza un centro muy preciso que uno de los nuestros aprovecha con la cabeza, metiendo la bola al fondo de la portería contraria. La emoción es increíble. Sin darme cuenta, estoy abrazando al goleador y gritando groserías como los demás. Por un momento, el partido se vuelve algo importante y la cancha un lugar acogedor.

La euforia dura poco y las preguntas, que habían volado durante el partido, se posan cada vez más pesadas recordándome que estoy aquí para responderlas ¿Por qué ese montón de hombres jóvenes están jugando futbol a las cuatro de la tarde cuando deberían estar trabajando? ¿Será que no tienen trabajo? ¿Por qué no tienen trabajo? ¿Por qué tienen que poner a un grupo de vigías para poder jugar? ¿Por qué tenemos miedo cuando el calendario marca 18? ¿Por qué es probable que un joven aparezca y nos dispare? ¿Por qué siguen jugando en una cancha donde ya han asesinado a varios jóvenes?

Las ganas furiosas de responder estas preguntas es lo único que me ancla a este lugar.

El siguiente equipo no tarda ni cinco minutos en sacarnos del juego. Inmediatamente, otra cuadrilla de siete jugadores entra a la cancha lanzando vítores y dando saltitos.

Las graderías ya están llenas, unos cuatro equipos esperan su turno y un montón de niños contemplan los partidos emocionados.

Mientras me voy, un montón de hombres jóvenes siguen bajando de las comunidades y subiendo por las barrancas, como un goteo constante, hacia la cancha de la comunidad.

El paso de la jaina

El Noche da su último trago de la botella de Salva-Cola y me la pasa, al tiempo que lanza al cielo un retumbante eructo. Como es costumbre comienzan a salir los cigarros y todos nos acomodamos en el suelo para fumar y contar historias.

Hace unos días trataron de matar al Noche. Fueron los Columbia Locotes del Barrio 18 del centro del municipio. Fallaron. Quizás su error fue emplear una táctica muy común entre los pandilleros. «El paso del amigo», le llaman o «el paso de la jaina». Este consiste en enviar a alguien a acercarse a la víctima hasta lograr un buen grado de confianza, luego, valiéndose de la cercanía, lo sacará de la zona de seguridad y lo perderá en un lugar previamente estipulado. Muchas veces con la promesa de sexo. Cantos de sirena.

Una vez en el lugar se encontrará con un grupo de enemigos que lo aniquilarán. Estas muertes suelen ser muy violentas puesto que la víctima recibe múltiples torturas antes de morir. Esto precisamente quisieron hacerle al Noche esta semana.

Junto a nosotros están también Tombo, el Destino, Hugo y otros más. Todos hemos participado en el ataque que le hicimos al almuerzo. Las manos grasosas y los bigotes manchados nos delatan. Por las manos de todos van rolando los tres cigarros que encendimos. El Noche y Tombo se miran con complicidad y comienzan un juego, una ofensiva de anécdotas que tienen por evidente objeto ruborizar al visitante. Es decir a mí.

—Mirá, perro, ¿a vos no te llega que tu mujer te chupe el culo cuando están pisando? —pregunta el Noche a Tombo.

—No, perro, no lo he probado, pero sí me gusta darles por el culo, por el chiquito. O terminarles en la trompa. ¡¡¡Pero con todo!!!

—N'ombre, perro, probá eso que te digo, jmmm se siente bien maniaco, además no es culerada porque ella es mujer. Vaya que un culero te chupe el culo sí es culerada porque es culero, pero que una mujer te chupe el culo no porque puesí... es tu jaina, pues.

Comentan y me miran. Quieren ver el efecto de su experimento en mi rostro. Comentan un rato más y me vuelven a mirar, hacen algunos gestos, muy explícitos, y prueban de nuevo a ver el resultado...

Al entrar a esta colina lo hice a través de una congregación religiosa y es normal que los Guanacos Criminals Salvatrucha me relacionen con ellos. Además, de mi cuello cuelga una pequeña crucita de madera que me hace portar mi madre, como Little Down sus collares, a modo de protección. Por eso los Guanacos me suponen mojigato y se divierten escandalizándome.

—Puta, o así... tipo estarles dando por el culo y jalándoles el pelo men, jjjmmm bien rico se siente esa mierda, y ahí sí gritan las malditas. ¡Pero galán! Ja, ja, ja.

Dice el Noche y me pasa la palabra con un gesto, y esperan, entre risitas, que diga algo. Me lo pienso un rato, no parecen tener ganas de parar su ofensiva... y decido incorporarme. Cuento un par de anécdotas a la altura y tanto el Noche como Tombo parecen quedar satisfechos. O al menos la broma dejó de parecerles divertida.

La estrategia de los Barrio 18 para matar al Noche consistió en mandar a una jovencita a vivir a la colina. Una vez ahí su tarea era seducir al pandillero y conseguir sacarlo de la colina hasta dejarlo en un lugar donde sus enemigos pudieran llevárselo sin tener que entrar en combate con los Guanacos. Lo logró, al menos la primera parte. La carnada sedujo a su víctima hasta el grado de hacerle el amor durante varias noches. Estaba a punto de pasar a la segunda etapa cuando el Noche descubrió la treta. El pandillero vio demasiada insistencia en la muchacha, demasiado interés por llevarlo a «su casa» en otra parte de este municipio. Él conoce esta técnica, ha matado así varias veces e hizo lo que se supone corresponde a estos casos. Tomó por el cabello a la muchacha y la arrastró por en medio de las busetas parqueadas hasta llevarla a un rincón. Luego la tomó de la mano y se la rompió a la altura de la muñeca. Entonces le preguntó.

La chica se resistió, quizás pensó que si lo negaba todo tendría más posibilidades de vivir. El Noche la arrastró hasta cansarse, dándole patadas y halándola de la muñeca rota para generar más dolor. Como ella se negó a hablar, él le quitó el celular. Ahí estaban las respuestas que necesitaba. Encontró nombres de pandilleros y mensajes inculpatorios. Entonces, dice, comenzó a golpearla en serio.

El Noche pensó que lo mejor sería colgarla de una de las busetas. Ahorcarla, pues. Sin embargo no lo hizo. O al menos eso cuenta. Dice que la dejó ir, maltrecha y humillada, como un mensaje humano a los chicos del Barrio 18.

Los cigarros se terminan y el Destino se levanta a arar un poco de tierra en donde pretende que crezca una hortaliza. Hugo comienza a darle patadas a una pelota y los dos pandilleros se quedan en el patio fumando y contando anécdotas. Otros van llegando y se suman a la tertulia. Vienen también con sus historias, exageradas algunas, certificadas por cicatrices otras.

La lógica de esta guerra se va abriendo poco a poco. Con cada anécdota, con cada acción de unos y reacción de los otros parece revelar su secreto. Cada día permite ver más hacia su interior y descubrir que para estos jóvenes el honor está en la barbarie; la valentía, en el sacrificio, y que solo «la causa» como le llaman a la guerra, hace que la vida valga la pena. Por esa causa inventada, como todas las causas, un ejército de jovencitos se mata con sus enemigos espejo y pone en aprietos a las sociedades y los Estados de toda una región.

Es imposible saber qué pasó realmente con la jovencita que trató de engañar al Noche. Quizá es cierto y la dejó ir con un par de huesos rotos y unos cuantos mechones de pelo menos. Quizá está, putrefacta, bajo varios metros de tierra en uno de los cementerios clandestinos de la pandilla. Quizá regrese, en mano, a devolver a cualquiera de la clica, el agravio que le hizo el Noche. Si está muerta, probablemente otros lo hagan por ella, poniendo su granito de arena en esta guerra y ensanchando la distancia que separa a los chicos de las letras con los chicos de los números.

La Seca como espejo de Karla

Falta poco para las tres de la tarde y la casa comunal zumba como una gran colmena por el sonido de los niños. En la calle, Moxy maneja mi moto a gran velocidad hacia la cima de la colina, da pequeños saltos cuando pasa por encima de las piedras y casi se estrella contra un carro estacionado por echarle una mirada a un par de jovencitas. Da la vuelta y se pierde colina abajo, hacia el territorio de los Columbia. Moxy tenía varios días pidiéndome que le dejara manejar mi moto. Puso cara de niño bueno y me prometió que no haría nada malo. Siempre busqué evasivas para no hacerlo. Le dije que la dirección estaba mal, que casi no tenía gasolina, que, que... Las miradas de por sí no son amigables conmigo en terreno 18 y no quiero que identifiquen mi moto con la MS. Con el tiempo esto puede ser peligroso. Sin embargo, hoy se me terminaron las excusas y no tuve más remedio que poner en las manos del muchacho las llaves de mi corcel.

Moxy ha llegado casi al lindero del territorio MS, el cual está marcado por un enorme árbol de amate, de ahí para abajo es terreno hostil para los Guanacos Criminals Salvatrucha. La temeridad de Moxy no llega a tanto y pronto reaparece en la comunidad dando saltos y haciendo crujir la moto a cada bache. Mira el reloj y de mala gana estaciona la moto frente a la casa comunal. Me da las llaves y sale corriendo.

Adentro, en la casa comunal, todo marcha mejor que la vez anterior. Los niños están más tranquilos y tenemos ayuda extra.

Cristal es una muchacha de la comunidad que se ha ofrecido como voluntaria en este proyecto. Tiene dieciséis años y sabe tratar con los niños. Es una Claudia Schiffer versión adolescente, y los Guanacos Criminals Salvatrucha están locos por ella. En estas comunidades, y a la edad de Cristal, los pandilleros constituyen una especie de «rebelde perfecto». Todo mundo habla de ellos, son quienes visten mejor, son a quienes todos respetan, son, en pocas palabras, los protagonistas de la película. De pronto asoma el Noche por la puerta, le echa una mirada hambrienta de pies a cabeza a la muchacha y sigue su camino. Cristal se vuelve un tomate y comienza un frenético movimiento para arreglarse el cabello y acomodarse la minifalda.

En la entrada del centro juvenil está Karla, la hermana de Hugo. Habla con la Seca, una de las mujeres que vienen mes a mes a pedirle dinero al Destino. La mitad de la cara de la chica está deformada por un enorme hematoma color violeta que la Seca acaricia con cuidado.

—¿Qué te pasó en la cara, Karla? —le pregunto al verla, y quien me responde es su amiga:

—Nada, no le pasó nada.

—¡El hombre me dio verga! —me dice la niña con tono irreverente, y entonces la Seca la aconseja:

—Mirá, si ser mujer de estos locos es difícil, es una vida bien dura, se sufre. Vaya, vos estás pequeña todavía, no sabés lo que te queda por vivir. Mirá, aprovechá ahorita que lo tenés aquí, porque cuando caen presos... eso es duro. Mirá la gran viajadera a verlo y la gran madrugadera. Vaya, y eso que yo a veces voy con las cuatro cipotías hasta Ciudad Barrios, tres horas de viaje y unas grandes colas.

Las cuatro cipotías de las que habla revolotean a su alrededor, y Karla la mira en silencio con el único ojo que puede abrir.

La escena es extraña, pareciera como si la Seca fuera su reflejo en el espejo de los augurios.

—Es que es bien paloma, porque ni trabajar puede una porque ya dicen que buscando hombre anda una. Vaya, a mí me había salido un trabajo en el centro, con una amiga, pero él ya salió con que: «¡A pisar vas a esa mierda! ¿Veá, cerota?». Y, puta, al final nada puede hacer una —dice la chica. Hace una pausa para ver a todos lados y continúa: —Mejor me voy, porque él ya me dijo que si me mira por aquí me va a montar verga.

—Es porque vos le tenés miedo. Sí, mirá, yo, cuando aquel me verguiaba, yo me le oponía, chis, ve. Yo no le tenía miedo. Aunque me caían mis penquiadas a veces, pero yo no le demostraba miedo —dice la Seca.

De pronto, como una mala broma, como una grosería inesperada, al frente de un grupo de muchachos aparece Little Down. Pasa en medio de las dos mujeres con pasos rápidos, casi empujándolas, y su tropa hace lo mismo. Desde hace algunos días parece haber tomado las riendas del grupo de los más jovencitos. Lo siguen a todas partes. Entre ellos van Moxy y Bernardo. Hugo aún se resiste a despegarse del Destino, quien por ahora se encuentra ocupado instalando un horno de pan que una congregación religiosa ha hecho llegar hasta aquí.

Las dos mujeres se levantan con la cara pálida y se van. Karla se interna en uno de los pasajes y la Seca se marcha, colina abajo, con su aureola de niñas.

Los pandilleros entran a la casa y son recibidos a patadas e insultos por Hugo, quien inmediatamente recibe una dosis de su propia medicina. Little Down le ensarta dos patadas en las costillas y lo manda chillando a la vera del Destino, quien mira al hechor con fuego en los ojos, pero sin decir palabra. Los recién llegados están nerviosos. Se empinan la botella de agua con ganas y sudan. Han estado abajo de la colina.

Bernardo está más animado que de costumbre. A gran velocidad, va dejando de ser el muchacho tímido de hace unos meses. Ya tiene celular, Little Down se lo ha dado. Ya mató a su primer hombre. Fue el carpintero de hace unos días. La orden vino desde el penal de Ciudad Barrios. El delito que desató la furia de la Bestia, como a menudo llaman a la Mara, fue el haberse acostado con la mujer de uno de los Guanacos Criminals Salvatrucha que está en prisión. Este mandó la orden y la clica dispuso que fuera Bernardo quien se encargara de matarlo. Esto no es información privilegiada, ni producto de una intensa investigación. Todos acá arriba lo saben, varios vieron cuando Bernardo le deshacía la cara a balazos, y todos han decidido callar. Nuevamente, la Mara Salvatrucha vuelve a imponer su ley: ver, oír y callar... o vos seguís.

Comienza a oscurecer y en toda la colina suenan los primeros cánticos iracundos de los evangélicos. Me despido de todos y me voy. En la bajada distingo a Cristal caminando en el fondo de un pasaje, escoltada, cada vez más de cerca, por la mirada de buitre del Noche.

La lucha que perdió la perra

En la última comunidad de la colina había una perra vieja. De esos animales sin estirpe ni casta. Con el pelo entre grisáceo y café oscuro, color rata. Con la cola rizada, una oreja parada y la otra caída, la trompa larga, como diseñada especialmente para abrir las bolsas de basura. La perra cuidaba su casa y a sus amos. Cuando no estaba comiendo de algún basurero o bebiendo agua de las canaletas, se la pasaba frente a su casa, vigilando. Si uno se acercaba demasiado a la puerta, la perra se paraba desafiante y ladraba, avisando a sus amos la presencia de un extraño.

Cuando subían las patrullas de la PNC, los pandilleros corrían desaforados en dirección a las barrancas y la perra se volvía loca. No le gustaba que corrieran cerca de su fortaleza, y a los Guanacos no les gustaba que la perra los mordiera cuando lo hacían. Los pandilleros se enojaban y, una vez que había pasado la alerta policial, la pateaban y la apedreaban; y en la siguiente ocasión, la perra los mordía más rabiosa.

El duelo entre la perra y la pandilla duró mucho tiempo, hasta que un día la encontraron muerta en una de las barrancas, con un palo de escoba atravesado en la garganta. Ganó la pandilla.

Hoy el ambiente en la comunidad y en toda la colina es tenso. Los nervios están de punta. Ayer un carro subió desde el centro del municipio, despacio, sospechoso. Al llegar frente a la escuela se detuvo, asomaron dos fusiles negros y soltaron varias ráfagas de plomo. Luego bajaron por la única calle de esta colina y no se supo más. En el suelo quedaron desparramados dos muchachos. Aún llevaban sus uniformes y sus mochilas, y ninguno llegaba a la mayoría de edad. Ninguno pertenecía a la Mara Salvatrucha, al menos no de manera formal. Los Guanacos están furiosos, consideran la incursión una afrenta a su clica. Un verdadero descaro ese de haber subido hasta el centro de sus dominios a matar.

Todo es miedo aquí arriba, incluso los niños en el refuerzo están tensos. Es imposible controlarlos. Es como si estuviesen poseídos por algo destructivo. Se atacan entre ellos, lloran, gritan y es imposible convencerlos de que la pelota es un juguete colectivo. Cristal me explica que muchos de esos niños, incluida ella, conocían a los asesinados. Algunos incluso tuvieron que lanzarse al suelo o meterse bajo los carros cuando las balas cayeron.

En la entrada del centro juvenil hay varios pandilleros. Está el Maniaco y Little Down. Están también los nuevos reclutas de la clica. Uno de ellos se llama Charlie, tendrá unos dieciocho años y lo han deportado, cosa rara, de un país de Suramérica. Vivió en esta comunidad cuando era pequeño y ahora, al regresar y encontrarse a sus antiguos amigos de infancia convertidos en pandilleros, no vio otra opción que iniciar el proceso para ser también un miembro de la MS. El otro es un niño como Hugo que no pasará de los doce años y al que, cuando mira a Little Down, los ojos le delatan una profunda veneración.

El centro juvenil poco a poco se va convirtiendo en una panadería, y el Destino en algo parecido a un consejero de la clica. Se pasa el día traveseando el horno y estudiando las recetas del pan. Poco a poco este pandillero va perdiendo su poder.

Lo hace adrede, de manera sutil. Sin embargo, aún guarda un poco, lo suficiente para no dejarse pisotear por los demás y mantenerse a salvo. Por su parte, la clica lo respeta a su manera.

Hugo aún goza de los residuos de respeto de su mentor y se mantiene cerca de él. Sabe que es su único escudo. De lo contrario, tendría que sumarse a la cuadrilla de nuevos aspirantes que timonea Little Down. Regresar a la vida normal al lado de su madre ya no es opción para Hugo. Ya se metió en el laberinto de la Mara.

El Destino ha trabajado toda la tarde tratando de domesticar la masa para que se convierta en pan. Al verme llegar, se quita su gorro de panadero, me ofrece una silla plástica y se sienta en otra.

—¡Ey!, tomémonos una soda —me dice mientras me pone un vaso cargado de hielo en las manos y le ordena a Hugo: —Perro, ahí está parado el camión de la Salva-Cola, andá y traé una botella de dos litros. Decile a esos majes que digo yo.

El niño sale corriendo y a los dos minutos regresa abrazando una botella rechoncha que exhibe orgulloso con una enorme sonrisa. Le quita la tapa y se empina la botella para luego soltar un formidable eructo que revolotea en forma de eco por todo el cuarto.

—Bueno, y este hijueputa... ¡Perro! Ofrecele primero a Juan, no seás maleducado —le dice el Destino, y el niño deja caer en mi vaso un chorro grueso y espumeante de soda, que a esta hora es como beber maná.

El loco, el ajedrez y las manchas de Little Down

Hace varios años en la última comunidad de la colina, en una tarde cualquiera, Little Down caminaba tranquilo con su camisa negra hasta las muñecas, sus amuletos colgando del cuello y su pistola al cinto. Desde un balcón asomó un viejo. Ese al que, según dicen, una bruja le hizo un maleficio y lo dejó loco. El hombre comenzó a gritar al pandillero, le dijo que se regresara a donde Lucifer, a su cueva, a vivir nuevamente con la Siguanaba. Eso le gritó una y otra vez. Little Down, sin inmutarse, sacó su revólver, cerró un ojo y le disparó a centímetros de la cabeza. El viejo corrió dando alaridos hacia adentro de su casa a refugiarse en un rincón.

—Ven que no está tan loco el viejo —reflexionó el pandillero sobre su experimento y guardó la pistola.

Hoy en la comunidad el calor es excesivo, no se mueve ni una hoja. El sol hace brillar todo y nos vuelve húmedos al menor movimiento. A lo lejos, en una de las colinas que rodean la comunidad, se puede ver un incendio. Quema con lentitud el monte seco y las llamas amenazan con comerse una champita de lámina. La única de esa colina.

En la casa comunal hay un rótulo: «Hoy no habrá refuerzo escolar». Así, sin más. Es la letra de Gustavo. Algunos niños llegan, leen el rótulo, esperan unos minutos y luego se van corriendo en cualquier dirección. Nunca deja de impresionarme esa capacidad de los niños de ser tragados por la comunidad. En pocos segundos no hay rastros de ellos. Solo se escuchan sus risas que bajan en dirección a la cancha.

Frente a la casa comunal está Jazmín con su puesto de frescos. Está cabizbaja. Me saluda y clava los ojos en el suelo. Se nota que ha llorado y parece que volverá a hacerlo en un momento. Me cuenta que la clica ha recibido una nueva baja.

Anoche entró un operativo de la PNC. Subieron por la colina silenciosos, encapuchados. Tomaron a los Guanacos Criminals Salvatrucha de sorpresa. Los pandilleros conocen bien su terreno y lograron escabullirse por las barrancas u ocultarse en los pasajes. Sin embargo, el Noche no logró escapar, y después de una larga golpiza pública, le arrancaron la camisa, lo subieron a la cama de un pick-up y se lo llevaron colina abajo. No saldrá en un buen tiempo. Me contó hace algunos días que tenía orden de captura por haber incumplido sus medidas sustitutivas.

Jazmín no disimula su malestar al contarme la noticia. Ya otras mujeres de la comunidad me habían hablado de una relación antigua entre ella y el Noche, un par de años después del asesinato de su esposo, el padre de Hugo.

—Yo por eso le digo a Hugo: «¡Mirá, mirá el ejemplo!». Bichos tontos, como se andan metiendo en líos, hoy que no se quejen. Ahí se va a estar guardado a saber cuántos años —dice Jazmín más para ella que para mí.

La policía es el tercer elemento en juego en esta guerra. Es un enemigo común para ambas pandillas. Los obliga a mantenerse en un eterno estado de semiclandestinidad y les dificulta sus acciones. El Destino asegura que existe una antigua alianza entre el Barrio 18 de las faldas de la colina y el puesto policial de ahí. No sé qué tanto esto sea verdad, lo que sí es cierto es que de diez operativos de la PNC al menos ocho son en esta comunidad.

Adentro del centro juvenil, Little Down se pasea sin camisa en medio de sus discípulos. Al verme entrar, levanta los antebrazos y exhibe orgulloso sus nuevos tatuajes. Son una M y una S en tinta negra que le cubren toda la parte externa de los antebrazos. Están frescos, la tinta aún tiene ese color encendido y húmedo, y la parte baja de la S todavía sangra. Los demás jovencitos le toman fotos con sus celulares y él bailotea frente a un pequeño espejo al ritmo de un reguetón. Está feliz, lleno de una euforia extraña.

—Estas placas me las acabo de hacer. Son de una gran matada que le fui a dar a una maje. Ja, ja, ja —me dice Little Down medio poseído.

Parece que tiene ganas de seguirme contando sobre su crimen, me persigue mientras dejo mis cosas por el cuarto e intenta darme detalles sobre su hazaña. Pero yo ya no quiero escuchar. Sé por sus discípulos que él había jurado hacerse un tatuaje por cada pandillero del Barrio 18 que asesinara, sin contar a los civiles, una práctica muy común entre los pandilleros. Con este ya son cinco marcas en el cuerpo de Little Down.

De repente aparece el Destino. Ha estado escuchando desde el otro cuarto en donde preparaba un formidable revoltijo de masa con miel de piña. La deja sobre la mesa y se quita la camisa mientras lanza una mirada preñada de orgullo a Little Down y su pequeña tropa de niños. Cuesta encontrar en su cuerpo un pedazo de piel sin tinta. Little Down suelta una risita de desprecio y sin hacer mucho alboroto se va poniendo su camisa y se lleva a su tropa hacia el patio.

En el patio hay ocho pandilleros. Están eufóricos, los ánimos están altos. Parece que la hazaña de Little Down ha opacado la captura del Noche. Entre ellos está el Guapo, el pandillero que me llevó a jugar futbol hace un mes. Está anonadado escuchando la historia de otro pandillero que le cuenta cómo, en una comunidad de Soyapango, su clica asesinó a un Barrio 18 al destriparle la cabeza con una piedra. Otra práctica común entre los pandilleros. Le llaman «la muerte del sapo». El Guapo vive la historia como si estuviese viendo una película, y quien la cuenta le incorpora sonidos y dramatizaciones para culminar con un sonoro: ¡plash!

Todos ríen y celebran. Levantan la mano en forma de garra. Parecen niños celebrando una travesura. Otros van sumando anécdotas, cada una más grotesca que la anterior. Los escenarios son siempre comunidades con nombres de fechas o de santos, y los actos son siempre la barbarie extrema, de esa que al escucharla da mareo, como ganas de vomitar.

Cuando las arcadas están a punto de llegar veo mi salvación. El Guapo pone sobre la mesa un juego de ajedrez y me hace una paradójica invitación.

—¡Ey!, Juan, ¿no quiere jugar damas? —le explico que el juego se llama ajedrez, «el juego que te vuelve más listo». Parece que le llama la atención en cuanto le explico que es un juego de guerra, de estrategia.

—O sea, que estos locos solo pueden darle para adelante. Tipo vale verga que me los coma —me dice el Guapo cuando le explico el movimiento de los peones. Y continúa: —Ah, ¿o sea que para darle bajito al rey hay que darle primero a la jaina de él?

—No, al rey nunca se le come, la cosa es ponerlo en jaque mate, es decir que por donde se mueva haya alguna pieza esperándolo —le digo, y se queda pensando un buen rato.

—Ah, tipo posteando al loco, ¿va? ¿O sea, que la jaina sí se mueve por donde ella quiera y puede comer como ella quiera?

—Sí, Guapo, menos en L como el caballo.

—¡Puta! Gran atentado full que se puede discutir esa loca.

Luego de entenderlo y de jugar un par de partidas conmigo, el Guapo dictaminó:

—Este juego está maniaco.

Está oscureciendo y más pandilleros van llegando. A la mayoría no los conozco. El Guapo me explica que son de clicas vecinas. Aliadas de los Guanacos Criminals Salvatrucha. Tomo mis cosas y dejo a los pandilleros en su reunión, fumando marihuana y jugando ajedrez.

Little Down sigue con su cara de héroe y los que van llegando se le acercan y lo abrazan. Temo la respuesta de los Columbia Locotes ante el atentado.

Mientras me voy, una ráfaga de viento atraviesa la comunidad y es como si todas las hojas de los árboles quisieran atraparla. El polvo del suelo se levanta, haciendo a todo el mundo cerrar los ojos. Se siente como un gran respiro, pero no dura mucho. En un segundo el calor vuelve a ahogarnos.

El Informante

Enfrente tengo a un hombre con un cigarro entre los dedos que da los últimos sorbos a una coca-cola. Es el Informante. Me ha pedido que así lo identifique. Nada más, ni su edad ni su descripción ni nada de nada. En zona de pandillas, así hablan los informantes. Este incluso ha sido osado al permitir que yo grabe la conversación. Sin embargo, coloca la mano en forma de concha sobre la grabadora cada vez que menciona un nombre o alguna fecha, mientras devora mi cajetilla de cigarrillos.

Lo conocí hace solo unas semanas. Sin embargo, lo he visto observándome desde que entré en la comunidad. En varias ocasiones lo vi seguirme con los ojos, como con ganas de decirme algo. Otras veces, mientras yo deambulaba por la comunidad, lo vi seguirme desde lejos. Al principio pensé que era parte de los Guanacos Criminals Salvatrucha y que su misión era espiarme. Con el tiempo, dejé de prestarle importancia al Informante, hasta que un día, luego de escucharme hablar con algunos pandilleros, se me acercó.

—Mirá, no les hagás tantas preguntas. Acordate que los bichos son desconfiados y no vayan a pensar que sos de la jura. Ahí dejalos que hablen, ellos solitos te van a ir contando cosas, pero al suave, al suave. Calmate —me lo dijo con un tono paternal.

Desde ese día, cada vez que nos encontramos hablamos un rato, me pregunta acerca de la investigación, me aconseja qué no preguntar y me cuenta algo de su propia historia. Fascinante relato que por seguridad suya y mía nunca se encontrará en los libros. Al menos no en los míos.

Allá, en el centro juvenil, el Destino terminaba de hacer pan, y Little Down estaba reunido con su tropa de niños. Planeaban un nuevo golpe. Por lo que escuché, el plan es sencillo: enviar a una muchacha a seducir a la víctima, acostarse con él un par de veces, y llevarlo a manos de la clica. El paso de la jaina. Todos opinaban y daban ideas. Little Down moderaba. Subí a mi moto y fui en busca del Informante. Los Guanacos Criminals Salvatrucha se quedaron excitados, planeando su nuevo golpe.

El Informante me cuenta que hay muchas formas de matar, sin embargo todas siguen el mismo esquema y más o menos los mismos objetivos: mostrar, frente a la propia clica, la barbarie de la que se dispone y dependiendo de esto así será el grado de «respeto» que obtenga. En esta dinámica, la muerte de la víctima se vuelve un mero instrumento y no un fin en sí mismo.

Lo primero es identificar a la víctima, para esto utilizan un complejo sistema que bien podría llamarse de «espionaje». En ocasiones mandan niños con celulares a tomarles fotos a los enemigos. Otras veces son vendedoras, de esas que balancean su venta sobre la cabeza. Luego esas fotos se imprimen y se le dan al encargado de realizar la acción. Si es la primera vez y el muchacho se está iniciando en la pandilla, debe demostrar su intrepidez. En ocasiones les dan revólveres viejos, con apenas tres tiros, o incluso cuchillos o armas hechizas de una sola descarga. Con estos insumos el advenedizo debe cumplir la misión y regresar con vida para contarla.

—Ahí es donde uno tiene que demostrar que le gusta la pandilla. Que uno ama las dos letras. Ya después de eso ven que uno tiene huevos y ya se va ganando uno el respeto. Porque vaya, si uno mató a un enemigo que tenía bastante respeto en su pandilla, ese respeto le queda a uno también en la suya —me comenta el Informante mientras hace brillar un cigarro entre sus labios.

Las fotos que toman los espías se imprimen. Esto le sirve al asesino de brújula para encontrar a la víctima. Pero aún queda un problema fundamental por resolver: ¿cómo acercarse a la persona que va a morir? Es complicado, tomando en cuenta que en las comunidades gobernadas por alguna pandilla existe un complejo sistema de seguridad. Cada desconocido que entra es acorralado por un grupo de pandilleros que lo desnudan en busca de tatuajes o de armas. El que vaya a matar tiene que ingeniárselas para entrar sin levantar sospechas. Algunos se disfrazan de pastores evangélicos y, Biblia en mano, logran pasar desapercibidos. Otras veces se camuflan de payasos, como contaba Little Down hace algunos meses. El maquillaje les cubre los tatuajes. Incluso los vendedores de pan son en algunas comunidades considerados aves de mal agüero. En varias ocasiones un vendedor estaciona su bicicleta frente a alguien, pita un número determinado de veces, como si ofertara su pan, y sigue su ruta. A los minutos aparece un pandillero a terminar la misión. A veces nada de lo anterior, simplemente se bajan de un carro y descargan todas las balas que puedan en el primer enemigo que se les atraviese, como hicieron con los jovencitos de la escuela hace un mes. Eso sí, al final de cada misión debe dejarse claro quién fue el hechor. Esto suele hacerse con un grito: «¡Aquí para y controla la Mara Salvatrucha!». Por ejemplo. No vaya la gente a confundirse.

Luego de escuchar esto le hago al Informante una pregunta que se ha vuelto insistente en mis conversaciones con pandilleros.

—¿Qué se siente matar?

—Mirá vos, al principio da miedo. Yo lo comparo con... cuando uno va a cogerse a una mujer y uno es primerizo, que a uno todo le tiembla. Sentís así como un gran miedo, pero después ya no sentís nada. Solo la primera, y quizá la segunda, ya la tercera es como darle una patada a un chucho. No te imaginás que le duela o algo así, solo le das.

Ya antes alguien me había comentado que hace años se empezaba por pertenecer a una especie de grupos piloto. Eran clicas vivero conformadas por niños que básicamente jugaban a ser pandilleros. Una forma cruel de entrenamiento en el que no faltaban las extorsiones y los asesinatos. En esta zona eran dos, los Esquina Locos Salvatrucha, pues se reunían en una esquina, y los Tienda Locos Salvatrucha, por lo mismo. Con el tiempo, estos niños eran iniciados y pasaban a formar parte de los Guanacos Criminals Salvatrucha. De esos viveros salieron varios de los cuadros importantes para la clica, Little Down es uno de ellos.

En esos tiempos retirarse era una opción accesible. Luego, la cosa fue poniéndose más dura. Los palabreros exigían una cuota fija a los desertores, muchas veces más alta de la que los jóvenes podían pagar. En estos casos regresaban a la clica, huían lejos o eran asesinados. Otros palabreros más radicales les tatúan la cara con el símbolo de la pandilla a aquel miembro de su clica que pretenda echarse atrás.

Volviendo con el Informante, aprovecho para preguntarle por la situación actual. ¿Qué pasará con la guerra? Me dice que la cosa está complicada. Varias clicas del Barrio 18 se han aliado para sacar a la MS de la colina. Cree que el último golpe de los Guanacos, el que pegó Little Down, no quedará impune. Me dice que debo tener cuidado, pues cada vez que hay guerra, todos los que están cerca de una pandilla se vuelven enemigos de la otra. Doy la entrevista por terminada y apago la grabadora. Nos fumamos el último cigarro.

En una esquina están reunidos algunos de los Guanacos. Parecen un pequeño ejército.

De regreso, al bajar de la colina, nada se mueve a estas horas. Todo está cerrado. La única luz es la que sale mortecina del faro de mi moto, violando la oscuridad y apagándose en cada bache.

Maras, champán y fotos

Son aproximadamente las nueve de la noche y en el Museo Nacional de Antropología de San Salvador hay una exposición de fotos.

Un fotógrafo francés habla con un micrófono a una multitud de hombres encorbatados y mujeres elegantes con joyas en el cuello y zapatos de tacón. En las mesas decenas de copitas se disponen a preñarse con el vino y el champán que dos señoritas comienzan a sacar de sus botellas. Los meseros ordenan en platos de porcelana pequeños pastelitos adornados con orégano. La gente aplaude delicadamente a cada frase del fotógrafo.

—Hay que estar loco para entrar a estos lugares a hacer estos proyectos —dice el hombre en francés y una bella intérprete traduce. Se dispone a recibir una tenue llovizna de aplausos para luego continuar: —Y más loco aún para llevar ahí a mi hijo... pero qué puedo decir... yo estoy loco.

El francés mira a su derecha y palmea en la espalda a un jovencito rubio, de maneras finas y bien vestido que le devuelve a su padre la palmada. La gente premia las hazañas del hombre con otro fino aplauso.

—Pensábamos encontrar ahí a delincuentes esperándonos con un cuchillo entre los dientes, pero nos hallamos a pajaritos caídos del nido. Disculpen la poesía pero... soy poeta, ja, ja, ja.

La gente ríe con él, aun antes que la joven intérprete traduzca. La mayoría hablan francés.

Quien habla es Klavdij Sluban, un afamado fotógrafo francés que ha venido a El Salvador a realizar un proyecto con jóvenes pandilleros encarcelados. Durante algunos días visitó las cárceles para adolescentes pandilleros. Estuvo en Izalco, donde cumplen condena los jóvenes del Barrio 18. Y Tonacatepeque, donde están los chicos de la Mara Salvatrucha 13, otorgándoles camaritas desechables para que ellos retrataran su propia realidad. Lo hizo junto a su hijo y junto con todo un séquito de gentes de la Alianza Francesa, de la embajada de Francia, un buen grupo de custodios y uno que otro curioso que se coló por ahí para ver a estos jovencitos de aspecto tan extraño.

Cuando ha dejado de hablar y se abre un salón grande, con luz tenue y lamparitas metálicas, el vino y el champán se derraman por fin sobre las copitas, que son rápidamente atesoradas por los comensales. Lo mismo pasa con los bocadillos, la gente los devora con rapidez, pero siempre con esas maneras finas que hacen parecer a aquella voracidad elegante apetito. En esencia, no se diferencian mucho de los Guanacos cuando comen conmigo arroz con chorizo en una esquina del patio.

En el salón se pueden ver las fotografías que tomaron los muchachos. Cada una es iluminada desde el techo y cuentan con un buen espacio en las paredes. Todas retratan a pandilleros presos. Se ven cuerpos tatuados, hombres jóvenes de mirada perdida atrás de unas rejas. Filas de reos esposados caminando en un pasillo, jaulas azules, racimos de esposas colgando, cuartos hacinados, alambre de púas coronando muros, caras manchadas con lágrimas. Grafitis de pandillas.

La gente camina alrededor, se saluda en susurros, sonríe, comenta cosas buenas. Miran las fotos y como niños en un zoológico se sorprenden: «Míralos, si es que son unos artistas», le dice una señora de ojos verdes y pelo teñido a otra mujer más joven al ver en una foto un placazo[16] de la MS. «Lindísimo el mural, si se pudiera encaminar esa creatividad», responde la más joven con energía. El mural al que se refieren está en una pared del penal de Tonacatepeque y lo han hecho en memoria de un homeboy asesinado, se lee: «R. I. P. Scuby por siempre con nosotros», sus autores posan a los lados con las manos aún con pintura y una profunda tristeza en los ojos.

Otras señoras posan junto a los cuadros para ser retratadas. Algunas incluso llaman a Sluban y al hijo para ser fotografiadas con ellos. Una de esas mujeres es la jueza Aída de Escobar, quien se ha ganado alguna fama y un mejor puesto en el gobierno luego de salir en el documental *La vida loca* del finado Christian Poveda. Por aquí andan también algunos académicos de la UCA (Universidad Centroamericana José Simeón Cañas) que estudian el fenómeno pandilleril. Distingo a un par de periodistas que se dedican a lo mismo y algunos funcionarios de seguridad. Pareciera que la crema y nata de los expertos sobre el tema ha sido invitada. Hablan todos a la vez y comentan las fotos con entusiasmo mientras vacían sus copitas de licor.

Dos hombres viejos ríen efusivamente mientras dicen algo en francés. Atrás de ellos, en una esquina del salón, el Noche, de los Guanacos Criminals Salvatrucha, nos mira huraño con sus ojos de gato, desde el plano hondo de una fotografía.

---

16 «Placazo», mural.

El último viaje de Calazo

Nos acercamos a la mitad del año y las lluvias han llegado. Caen por la noche en cantaradas y se anuncian por el día en bocanadas de calor que se roban el aliento y hacen sudar a chorros. El país comienza a tornarse verde, frondoso y los cerros que rodean a la comunidad están cambiando de desérticos volcancillos a praderas llenas de vegetación.

Subir por la colina es una verdadera odisea. La calle es un bache fangoso en sí misma, y los paredones de tierra amenazan con desmoronarse sobre los que transitamos por la única calle que llega hasta acá.

En la comunidad otro tipo de tormentas son las que preocupan a los Guanacos Criminals Salvatrucha. El golpe de Little Down no quedó impune. La Columbia Locotes pegó su revés con fuerza. Asesinaron por la noche a Calazo, amigo y colaborador de la clica, y además un hombre muy querido en la colina. Era conductor de la ruta de busetas que tiene su punto dentro de la comunidad. Anoche, mientras hacía su último viaje, dos pasajeros se levantaron y sacaron sus pistolas. Mientras uno lo guiaba hacia una de las comunidades del Barrio 18, el otro apuntaba a los demás pasajeros. Cuando llegaron a un pasaje los estaba esperando un puñado de pandilleros con armas largas. Antes de meterle a Calazo dos tiros en la cabeza uno de ellos le dijo:

—Bueno, pues. ¿Van a pagar la renta o cómo gran putas, pues?

Luego disparó.

Robaron el dinero de la cajita de madera donde Calazo echaba las monedas. También el dinero que la gente llevaba encima. A los hombres los obligaron a levantarse la camisa en busca de tatuajes de la MS. Luego los hicieron bajar. Un pandillero de los Columbia Locotes se subió, roció un poco de gasolina al cadáver de Calazo, le tiró un cerillo y se fueron. Por suerte, el cobrador, que se había camuflado entre la gente, logró apagar el cuerpo y el incendio no prosperó. Dentro de la buseta viajaba también uno de los Guanacos Criminals Salvatrucha. Logró esconder sus tatuajes y por eso está vivo. Fue él quien contó los hechos.

Entre esta ruta de busetas y la clica de los Guanacos hay una especie de alianza que probablemente no podría llamarse extorsión. La cuestión es simple: la ruta paga a la clica y esta no solo garantiza que ningún MS los asalte, sino que garantiza que nadie más, incluyendo el Barrio 18, se meta con ellos. Con el tiempo han terminado por generar ciertos lazos de amistad y la caseta de la ruta luce un enorme mural de la pandilla, quizá el más grande de la comunidad. Ahí los pandilleros se reúnen a jugar naipes con los motoristas y cobradores. Viajan en las busetas cuando necesitan bajar de la colina. Las busetas son, en pocas palabras, el transporte de los Guanacos.

El golpe es duro, no solo para la clica sino para toda la comunidad. Calazo tenía varios hijos pequeños. La gente está indignada y le han exigido a los padres que la vela sea aquí, en la casa comunal; ya que ellos viven en una colonia del centro de Soyapango, territorio prohibido para la gente de la comunidad por ser bastión del Barrio 18.

Algunos habitantes se han ido de la colina, han abandonado sus casas por temor a la guerra. Gustavo, el encargado del centro juvenil, ha huido también. El refuerzo escolar se ha cerrado para siempre y el Destino será ahora el encargado de los proyectos de la institución, los cuales se reducen a la pequeña panadería. Reina el caos y el miedo en la comunidad, la gente no habla más que de la guerra.

Desde las faldas se ven patrullas de la PNC y grupos de soldados que caminan en pequeñas columnas. Los pick-up suben y bajan de la comunidad y, salvo por los enormes placazos, no se ve por ningún lado la presencia de la pandilla.

En el centro juvenil está el Destino. Hace pan como si nada hubiera pasado, aunque fue precisamente él quien me llamó anoche para informarme de la muerte de Calazo. En el teléfono sonaba bastante más indignado que en persona.

Al Destino no le gusta hablar de la guerra. Evade el tema y se retira cuando alguien la menciona. Pero hoy parece más suelto. Habla de un antiguo pacto que acaba de romperse. Los Guanacos siempre han menospreciado a las clicas cercanas del Barrio 18, las consideraban pandillas de chiquillos comparados con ellos. Sin embargo, habían establecido un acuerdo tácito en cuanto a los territorios y establecieron un punto como frontera. Es el enorme árbol de amate que está en las faldas de la colina. De ahí para abajo todo pertenece al Barrio 18, y para arriba a la Mara Salvatrucha. Esto incluye a las rutas de buses. Por años fue así. Los conflictos, en todo caso, se limitaban a matarse entre ellos en una especie de juego serio y brutal, pero sin meterse a extorsionar en el territorio enemigo. A este tipo de pactos se les llama «pactos sur», en alusión a una antigua alianza entre pandillas chicanas surgida en el sur de California, muchos años atrás.[17] No está muy claro si en

17 Dicha alianza se encuentra totalmente vigente en California y otras partes de Estados Unidos. Los miembros de este enorme y complejo sistema se hacen llamar «sureños» y operan bajo la mirada de la mafia mexicana.

este lugar fue el Barrio 18 o la MS-13 quien rompió el pacto, y poco importa ahora.

EL DESTINO me cuenta que es frecuente que los pandilleros recurran a este tipo de alianzas o pactos en momentos críticos.

—Vaya, fíjese que mis hijos viven con la abuela en una comunidad de chavalas (Barrio 18). Aquí cerca, en la colonia Zacamíl. La cosa es que yo antes vacilaba ahí. Me conocían, pues, y todo mundo sabe lo que yo soy. La cosa es que me los empezaron a joder: «Ya vamos a matar a tu tata», me le decían a Isaías, el mayor. Hace poco, un cabrón hasta me le apagó un cigarro en el brazo. A mí nada me costaba ir a hacer un gran desvergue. Si fuera con la mentalidad que tenía antes, ya ratos que me hubiera valido verga y los hubiera puesto quietos, pero yo ahora ya ando en otra mente. Ya no ando haciendo eso. Entonces yo hablé con los meros de mi pandilla, con la mafia, pues. Les dije lo que estaba pasando y ellos hablaron con los otros. Vaya, «a los hijos del Destino los están jodiendo y queremos que eso se termine, pues». Y ahí acabó el problema.

El espectáculo del patrullaje policial es efímero y ridículo. Luego de caminar por la comunidad como hormigas locas se van, y los pandilleros van aflorando. Salen de todos lados y son más que antes, muchos más. Han llegado refuerzos de otras comunidades a apoyar a la Guanacos Criminals Salvatrucha.

Al centro juvenil llega Alicia. Es una de las mujeres con más poder dentro de la comunidad, de esas mujeres cuya lengua es un arma letal. Alicia es capaz de hacer correr un chisme por toda la colina en un solo día y así despedazar la integridad de quien desee. Cuando sus historias no son suficientes para destruir a sus enemigos recurre a un arma más poderosa: la MS-13. Les dice que tal o cual persona baja a las comunidades del Barrio 18 o que se ha burlado de la pandilla. Y la pandilla suele castigar a esas personas. Es una mujer temida en la colina. Hoy ha venido a quejarse. Le pregunta al Destino si se quedarán con los brazos cruzados en cuanto a la muerte de Calazo.

—O sea que de balde están aquí ustedes... N'ombre, así sí está jodida la cosa, muchachos. Todo mundo anda preguntando si así va a quedar la cosa.

Los compañeros de Calazo también han recurrido a la pandilla para exigir la seguridad por la cual pagan todos los meses. No solo los Guanacos son parte de la guerra, los habitantes en general están furiosos con el Barrio 18 y quieren que pague por lo que han hecho. Hay venganza en el aire de la colina.

Frente a la casa comunal, y a pesar de ser temprano, Jazmín está cerrando su venta de frescos. Me cuenta que previendo la avalancha de violencia que se avecina ha internado a Hugo.

—Fíjese que me lo llevé a Izalco a un internado que tiene un cura. Aquí ya no se puede vivir, mire usted. ¡Usssh!... Me va a hacer falta, pero es que aquí se me estaba perdiendo ese niño —me dice casi gritando, para luego decirme en voz bajita—: En La Unión[18] está ese internado, pero no quiero que nadie se entere porque me da miedo que el hombre ese (Little Down) lo vaya a ir a sacar.

---

18 Izalco es un municipio en la zona occidental de El Salvador mientras que La Unión es uno de los catorce departamentos de El Salvador. Es quizá uno de los que más lejos está de San Salvador, haciendo frontera con Honduras.

HUGO JAMÁS hubiese ido de buena gana. Jazmín tuvo que engañarlo. Le dijo que lo llevaría a la playa y que ahí jugarían en la arena y nadarían en el mar, que le compraría un enorme pescado. Ambas cosas, el pescado y el mar, Hugo solo las había visto en la televisión. A las cinco de la madrugada, el niño jaloneaba a su madre colina abajo para aprovechar el sol de la playa a la que nunca llegó. Horas más tarde, cuando los primeros candados tronaron, el niño comprendió en dónde estaba. Lloró, gritó y amenazó a su madre con ya no quererla más, pero Jazmín estaba decidida.

—Mire, ya perdí a la Karla. Ella, después de que se me fue de la casa... ahora hasta presa me dicen que ha estado, que ahí ha andado robando cerca de la escuela que está debajo de la colina. Así que este niño yo no quiero que se me pierda.

Es cierto, a Karla hace rato se la tragó la Bestia. Vive con Little Down, y este, observando la obsesiva lógica territorial de los pandilleros, la ha marcado para siempre. Sobre el omóplato de la niña hay un tatuaje que reza en letras góticas: Little Down.

El revés de los Guanacos

El Destino tuvo un sueño. Se vio a sí mismo sentado en el asiento de un bus enorme que se metía por callejoncitos oscuros. Iba rápido y rozaba las paredes al meterse en los pasajes angostos. Los otros pasajeros no le hablaban. Lo miraban con asco.

Él preguntaba al conductor a dónde iban, a dónde lo llevaba, pero este no podía hablar. Solo lo miraba y seguía manejando. Se sentía como una vaca hacia el matadero. Una señora lo miró y le preguntó:

—¿Hijo, y usted de qué mara es? Hágale con las manos, quiero ver de qué mara es.

—¡De esta, de esta! —le gritaba el Destino y hacía con las manos la garra salvatrucha.

La mujer lo miró con lástima:

—Aquí todos los bichos son 18, hijo. Todos.

Se bajó corriendo y se encontró rodeado de paredes que confirmaban las palabras de la mujer: aquí manda y controla el Big Barrio 18. De pronto aparecieron cientos de pandilleros del Barrio 18. Salían de todos los pasajes, de todas partes, de los techos, de las puertas, del suelo. El Destino aullaba de miedo y corría para todos lados, pero a donde sea que él se dirigiera se encontraba de frente con un horrible chavala. Gritó y gritó; y de tanto gritar todo se fue desvaneciendo poco a poco y él apareció en un cuarto con mucha luz, entre los pechos húmedos de una mujer blanca. Cuando se despertó eran ya las cuatro de la mañana y estaba solo. Ese fue el sueño del Destino.

En el día a día de la última comunidad de la colina, la guerra se está volviendo más intensa y la olla de presión de este municipio ha terminado por volar en pedazos. El reto de los Columbia Locotes fue aceptado por los Guanacos Criminals, y la muerte de Calazo ha sido vengada con saña. Ya no es solo la GCS la que pelea. Otras clicas del municipio se han aliado con ellos y juntos hacen la guerra. Lo mismo ha hecho el Barrio 18.

Ayer, cerca de las dos de la tarde, en la colonia Zacamíl, dominio del Barrio 18, varias personas se apiñaban alrededor de un televisor. Veían un partido de la liga española de futbol. El Real Madrid recibía en casa a su archienemigo catalán. La televisión estaba en un pasaje, afuera de la casa. La señal es cara, casi impagable para esta gente, y el aparato atrajo a los jóvenes como un cadáver a las moscas.

Antes de que Messi le marcara el primer gol al Real Madrid dos tipos bajaron de un vehículo, caminaron disimulados hasta estar cerca del grupo, sacaron sus armas y las hicieron tronar. Dispararon varias veces hasta terminar las balas. Luego salieron del pasaje, dieron algunos gritos y se fueron.

Luego del atentado, un grupo de gente se arrastraba por el suelo en charcos de sangre. Eran once en total, entre ellas dos niñas y una anciana de ochenta años. En la tele, Messi corría estirando su camiseta y gritando desaforado hacia la parte roja de las graderías del Santiago Bernabéu, y en las cercanías de esa colonia, los tiros pasaron por cohetes para todos los que los escuchamos.

Todos los heridos están en el hospital ahora. Sorprendentemente ninguno ha muerto. Sin embargo, uno de los heridos tiene las balas en los pulmones, cerca del corazón y, según los médicos, morirá pronto. Es uno del Barrio 18, se llama Carlos y varios de los que están baleados son sus familiares. Hay otros cinco hombres en estado crítico, todos de esa pandilla.

En la última comunidad de la colina, en el centro juvenil, el Destino tiene compañía. Es Isaías, su hijo mayor. Lo ha mandado a traer de la colonia Zacamíl desde hace varios días. Cree que es más seguro para el niño estar con su padre, dentro de uno de los bastiones de la Mara Salvatrucha, en los dominios de la clica que él mismo fundó, y no en la Zacamíl, rodeado de enemigos ansiosos de venganza.

La clica protege al Destino, lo cuidan. Puede que haya perdido poder al dedicarse a montar la panadería y negarse a timonear la clica de los GCS. Sin embargo, es un pandillero reconocido dentro de la MS. Compartió celda con los altos mandos y se jugó la vida en las batallas carcelarias más brutales. Además, sigue siendo el contador de historias. Es la panadería el lugar donde Little Down envía a los más jóvenes a escuchar la historia de la Mara. Es el Destino quien los sigue tatuando a todos con su máquina hechiza, con tinta de lapicero. Puede que los Guanacos Criminals Salvatrucha ya no le obedezcan como antes y que lo hayan excluido de la guerra; sin embargo, aún lo veneran. A fin de cuentas saben que fue de los primeros hombres en llevar esas dos letras en el cuerpo.

Little Down ha ordenado que lleven un televisor a la panadería para que Isaías se entretenga. El niño no estudia, se la pasa con su padre, viéndolo hacer pan. Si alguno de los dos quiere salir es escoltado por alguno de los Guanacos. Saben que si algo llega a sucederle a él, ellos serían recriminados por muchas clicas de la MS-13 que les reclamarían furiosos por haber dejado morir al legendario Destino.

La gente en la comunidad está nerviosa. El intento de masacre en Zacamíl gobierna las portadas de todos los periódicos, y por aquí se rumoran cosas. Tristes augurios de guerra. Dicen que el Barrio 18 ha atacado a otras clicas cercanas de la MS-13 en un embate desenfrenado por recuperar la delantera. Dicen que han jurado «bajar a los MS de ese puto cerro».

La policía patrulla, como siempre, de arriba a abajo de la colina, sin lograr capturar a nadie. Hacen posta en el pasaje donde ocurrió el atentado y, en general, se pasean por todo el municipio con sus gorros pasamontaña y sus armas automáticas.

La guerra de pandillas es una mujer tramposa que esconde sus secretos y se presenta sencilla siendo compleja. Sin embargo, si se le observa con detenimiento y con tiempo va perdiendo sus disfraces y sus mañas. Su lógica se vuelve cada vez más evidente. Son invitaciones, retos de bravura. Consiste en golpear y esperar la respuesta. Así es el juego. Cada vez más fuerte. Cada golpe trae consigo su revés.

El reinado de Little Down

La Guanacos Criminals Salvatrucha estrena esta semana un nuevo líder. Es alguien que ha prometido llevar el nombre de la clica a primera plana y levantarla por encima de las demás. Se rumora que las reglas cambiarán no solo para los pandilleros, sino para todos acá arriba. Ha comenzado el reinado de Little Down.

El Informante me cuenta que si antes era difícil abandonar la clica, hoy será imposible. Se terminaron las concesiones, y cada pandillero y aspirante tendrán nuevas obligaciones. La puesta en marcha del tanque de combate de los Guanacos necesita de todos los brazos posibles.

El atentado en Zacamíl parece haber sido una especie de coronación para este pandillero. Fue una forma de informar a las clicas del Barrio 18 de que las cosas van a cambiar. Que la colina aún es propiedad de la Mara Salvatrucha. El Informante me cuenta que luego de la muerte de Calazo, el conductor de la buseta, hubo movimientos y tensiones dentro de la clica. Me dice que el Dark, el pandillero que me presentaron el primer día junto al Destino, había estado timoneando la clica luego del retiro de este último. Sin embargo, las quejas se fueron dando, la debilidad de este pandillero empezó a brincar de boca en boca y las repetidas incursiones del Barrio 18 a la colina no ayudaron en nada al Dark. Fue entonces cuando el Viento, el jefe máximo de esta clica, decidió hacer su movimiento, y otorgarle a Little Down la conducción.

—¿Nunca te había hablado del Viento? —me pregunta el Informante como si fuera una obviedad—. ¡Ay Dios, entonces no sabes nada!

Me cuenta que el Viento no es solo el líder de esta clica, sino de varias más. Él guarda prisión en uno de los penales destinados a la MS, y desde ahí comanda a su ejército de pandilleros. Destituye y corona a los palabreros de sus clicas y en general establece el rumbo que estas deben tomar.

Él fue uno de los jovencitos que deliraron de admiración por el Destino cuando, años atrás, este aún se paseaba pistola en mano por la comunidad, guerreando contra los enemigos del Barrio 18. De hecho, fue él mismo quien inició al Viento. Pero la historia de la clica comienza algunos años atrás.

La Mara Salvatrucha en realidad no tiene un fundador. Mucho han hablado algunos académicos de un tal exguerrillero conocido como el Flaco de Francis, es decir de la clica de Francis, en Los Ángeles. Dicen que fundó la pandilla en los setentas. Curioso dato ya que la guerra no comenzó oficialmente en El Salvador hasta 1980. Y los primeros grupos que podrían ostentar calificativo de guerrilla sin vergüenza nacieron hasta 1975. Fue más bien un movimiento colectivo, un proceso cultural.

En El Salvador tampoco tuvo fundador. Fueron cientos de hombres que venían marcados con las dos letras y que vieron en el desolado desierto que en la posguerra era El Salvador un nicho idóneo para hacer lo que habían hecho toda su vida. Pandillas.

Los que vinieron clonaron las clicas a las que pertenecían en Los Ángeles. De esta forma empezaron a sonar la Hollywood Locos Salvatrucha, la Normandie Locos Salvatrucha, la Coronados Locos Salvatrucha, la Leeward Locos Salvatrucha. Entre otro montón de clicas con nombre de calle angelina. No fue hasta mediados de los noventas que algunos pandilleros comienzan a fundar clicas criollas. Haciendo generalmente alusión al lugar donde operaban. De este proceso nacen los Teclas Locos Salvatrucha de Santa Tecla, los Iberia Locos Salvatrucha del barrio Iberia, los afamados Sailors Locos Salvatrucha de San Miguel y la Guanacos Criminal Salvatrucha de la calle Montreal del municipio de Mejicanos. Casi en el centro de la capital.

Fue fundada con este nombre por un muchacho cuya taca era Sky. No está claro si lo mataron o si se regresó a California. Las historias son confusas respecto a este joven. Unos dicen que fue deportado otros dicen que no, que nunca estuvo en Estados Unidos. Así son las historias dentro de la Mara. Confusas. No existe la verdad y todo depende de quien cuente las cosas. El caso es que ahora el legado de este hombre lucha a muerte contra el legado de otros hombres, probablemente iguales a Sky, que vive a unas cuadras de esta colina.

El Sky regentó la clica por varios años hasta posicionarla como una de las más grandes de San Salvador, a la par de estructuras enormes de la Mara Salvatrucha.

El Informante no sabe explicarme a ciencia cierta qué pasó con él. El caso es que la clica quedó acéfala. Sin embargo, pasados algunos meses, recibieron una carta de su puño y letra en donde dejaba la estructura en manos del Destino.

Este la hizo crecer y logró tomar el control de esta colina. Lo hizo a fuerza de balazos y a fuerza de pelear sin tregua con los otros predadores que la habitaban. Aquí aún vivía una antigua pandilla ochentera: la Mara Gallo. Esta pandilla era de las que aún resistía el embate de las colosales estructuras de la MS-13 y Barrio 18.

Pero no solo hubo que exterminarlos a ellos. También estaban los traficantes de la zona. Un grupo de hombres que desde hacía años controlaban el mercado de la droga en la colina, y en buena parte del municipio. Estos últimos fueron aún más huraños que la Mara Gallo. Guerrearon mucho con los Guanacos y mandaron al cementerio a varios de ellos. Al final, a través de un infiltrado, los Guanacos se enteraron de un plan: los traficantes llamarían al Destino y a otros líderes para pactar una tregua, y ahí les atacarían a traición. Los líderes de la MS decidieron acudir a la trampa de los narcos y batirse con ellos a balazos. Un plan simple, pero efectivo. Ahí murieron varios pandilleros de la clica, pero también todos los traficantes. Desde ese día, la colina es MS de principio a fin.

Cuando a principios de la década pasada el Destino fue apresado, la clica pasó a manos del Dark, quien no ha mostrado las habilidades suficientes. Si bien el Destino volvió, su papel es más el de un viejo sabio que el de un activo líder. Así, como consecuencia de la nueva etapa del Destino y de la tibieza del Dark, la clica cae en manos de quien para muchos es el sicario más violento que se ha visto entre los pandilleros de la colina: Little Down.

Desde los años de Sky hasta el imperio de Little Down han cambiado muchas cosas en el país, en el municipio y en la colina misma. Sin embargo, la lógica sigue siendo la misma. Un puñado de jóvenes jugando a la guerra. Jugando a matarse.

EN LA última comunidad de la colina una buseta se prepara a bajar. Está llena de pasajeros, pero sigue esperando. Esperan a Bernardo y al Maniaco que suben de un brinco. Van con camisas formales hasta las muñecas y zapatos negros de lustrar. Sin aretes ni tatuajes visibles. Uno se sienta atrás y el otro a la par del conductor.

Debido a las quejas que hicieron los motoristas de esta ruta por el acoso del Barrio 18, Little Down destina a algunos pandilleros en cada viaje. Cada buseta que baja va cargada con al menos un miembro de la MS, a modo de protección. Un último pasajero alcanza a treparse y la unidad sale disparada colina abajo al ritmo iracundo de Cypress Hill, que retumba desde sus entrañas.

En el centro juvenil me abre la puerta Isaías, el hijo mayor del Destino. Adentro, su padre y otro pandillero hablan de algo importante mientras preparan la masa para el pan. Mi presencia los hace cambiar de código verbal. No comprendo lo que dicen. Es como un dialecto formado por palabras volteadas al revés y con un montón de números intercalados, sustituyendo palabras.

Dos jovencitos de unos catorce años entran a la casa y se sientan sin decir nada. El Destino los aparta hacia un rincón. Los jovencitos están nerviosos, sudan. Se miran entre ellos como pidiéndose ánimos. El Destino les habla de cerca, hace gestos y les palmea la espalda y la cabeza. Se los ha enviado Little Down, quizá para que les dé las últimas instrucciones de su misión, quizá para que les dé algún consejo o quizá para echarles alguna especie de bendición. Los deja solos en el patio y regresa a la casa, al pan. Está como acongojado. El pandillero que lo acompaña lo mira y sonríe. Los dos muchachos se han quedado en silencio. Miran al suelo y respiran rápido. Se miran, hacen un gesto con la cabeza y se levantan. Uno de ellos tiembla.

Antes de que salgan, el Destino les grita la última consigna sin retirar la vista de la masa, lo hace en ese idioma pandillero que voltea las palabras al revés.

—Chatru, homitos. ¡Chatru!

HUGO HA regresado a la comunidad y se refugia en casa de Little Down. Ni los candados ni los muros del internado donde lo llevó su mamá pudieron con la inteligencia del muchacho. Aprendió la lógica del encierro, esperó a conocer los horarios en los que las puertas se abrían, cuando los guardianes se echaban a dormir, y aprovechó uno de esos resquicios para huir. Según cuenta, en ese lugar los maestros le pegaban si no obedecía.

Nadie aguantaba sus mañas ni sus insultos. En ese lugar no era nadie. Él trató de asustarlos invocando a sus amigos, les dijo que era uña y mugre con el ancestral Destino, que su hermana era mujer del temido Little Down, y que, si no dejaban de molestarlo, la furia de la Guanacos Criminals Salvatrucha caería sobre ellos. Nada, los castigos no cesaron. Ahora, Hugo está en el seno de la clica, a cargo del nuevo palabrero.

Más pandilleros entran a la casa. No los conozco, son de clicas vecinas. Buscan al Destino y hablan con él en ese lenguaje encriptado. Uno de ellos se me acerca y saluda levantando el meñique, el índice y juntando los demás en el centro de la mano. La garra salvatrucha

—¿Qué pedo, perro, cómo va a estar la cosa, hommie? —me dice.

Le estrecho la mano envolviendo con mis dedos la garra, y la indignación le revienta en los ojos al descubrir que no soy pandillero. Acerca su cara a la mía, furioso, y mira al Destino pidiendo una explicación. Es hora de irme.

Me despido del Destino y este se disculpa haciendo un gesto con los ojos. Es de noche y hace frío en la colina.

La fortaleza de los Guanacos

Es de noche y la calma reina en la cima de la colina. Hace unos cinco minutos que dejé atrás un tímido retén que los policías ponen al inicio de la calle de ascenso. No son más que unos cuantos policías asustados que miran los carros subir y bajar. Tienen los dedos en sus gatillos y levantan a cada rato los conos anaranjados que algunos carros tiran cuando pasan.

Una sombra escurridiza pasa a mi lado para esconderse en un pasaje. La calle ha sido asfaltada y ahora la moto no da brincos caprichosos a cada metro. Sin embargo, la noche convierte el trayecto en un viaje interminable. Siento algo parecido a la calma cuando veo los primeros placazos en las paredes y los postes que indican que estamos en el reino de los Guanacos Criminales. Los GCs muestran orgullosos los muros en letras góticas.

En una esquina hay una pequeña lucecilla. Es una señora que se arropa bajo el brillo de una diminuta bombilla. Tira pupusas sobre una plancha caliente y alrededor se concentra un montoncito de personas que giran la mirada como radares. Las motos no son bien vistas a esta hora y casi nada que suba desde las comunidades del centro del municipio causa simpatía en este lugar.

Más adelante, la moto se levanta violentamente para luego caer en el suelo. El estruendo tiene eco en los cerros. Todo por culpa de un enorme túmulo negro que está camuflado con el nuevo pavimento. Hace algunos meses escuché al Destino informándole a Alicia, la mujer con lengua de serpiente, que la pandilla había decidido hacer unos túmulos para dificultar la subida de las patrullas hacia la comunidad. En esa ocasión, Alicia solo asentía y le preguntaba cuestiones operativas.

—¿Y eso se va a hacer con el pisto de la directiva o ustedes nos van a colaborar?

Alguna vez pensé que eran exageraciones del Destino, para hacerse el importante, pero cuando mi moto se estrella nuevamente contra el pavimento me doy cuenta de que no fue así. Estos túmulos son una manifestación de la Mara Salvatrucha en esta colina.

Cuando hablé con los Guanacos sobre subir acá por la noche, me dijeron que no había problema y todo pareció normal. Sin embargo, ahora todo parece distinto. La noche lo cambia todo.

Las ramas de los árboles crean la sensación de transitar entre un túnel, y los nuevos túmulos hacen casi imposible la subida. Cada cierta distancia se pueden ver jovencitos, celular en mano, vigilando la colina. Son los nuevos reclutas de Little Down. Algunos me reconocen y levantan la garra de la pandilla como saludo. Son sus primeras misiones, y las cumplen con convicción militar. La colina está realmente custodiada. Al Barrio 18 le resultaría casi imposible subir a matar aquí. Entre los túmulos y los vigías, la colina parece inexpugnable, una verdadera trampa para los intrusos. El régimen de Little Down comienza a sentirse.

Las puertas de las casas están cerradas y solo de vez en cuando se escucha algún televisor encendido o alguna voz fugitiva que se escapa del interior de las casas.

Por lo demás, la colina permanece en silencio. Incluso los policías han acatado esta especie de toque de queda. El puesto policial está cerrado con candado y no parece haber nadie adentro.

Cada cierto tiempo, el farol de mi moto descubre un grupito de mujeres que caminan juntas. Llevan las cabezas tapadas con el velo de las evangélicas. Apenas tengo tiempo de verlas antes de que se sumerjan entre las sombras. Los cultos han terminado en todas las iglesias de por acá, y ya no hay más gritos de pastores ni se escuchan alabanzas en los parlantes.

Llegando a la última comunidad, el verdadero bastión de la pandilla, se ve más vida. Más lucecitas y las últimas pupusas cayendo sobre planchas calientes. Pero hay algo distinto, no solo es la oscuridad la que divide a la noche del día en este lugar. Los pandilleros, que durante las horas de sol se esconden y escabullen de la policía, ahora caminan tranquilos y orgullosos con sus mejores galas. El olor a marihuana inunda los callejones. Cada uno es una pequeña chimenea ambulante. La noche es su fortaleza. Es el momento en que el poder de la mara crece más. La oscuridad da a los Guanacos una seguridad que expresan a través de miradas desafiantes y poses de cuatreros del viejo oeste.

Me estaciono frente al centro juvenil. Un montón de jóvenes custodian el lugar. Son pandilleros de otras clicas. Nunca los había visto antes y creo que tampoco ellos a mí. Están desconcertados. Little Down está con ellos, ha salido de la casa a hablar por celular. Lo saludo y me ignora, pelea a gritos con alguien en el otro extremo de la línea. Los pandilleros lo miran como preguntándole sobre mí, pero el joven monarca continúa impávido su camino cerro arriba. Los pandilleros no se me acercan, solo se miran entre sí como gatos asustados y ariscos.

Se mueven cada vez más cerca, hablan entre ellos y marcan desde sus celulares sin quitarme la vista. Puedo oler sus perfumes y escuchar, aunque no entiendo nada, sus conversaciones. Me doy cuenta de que hay más de veinte pandilleros moviéndose alrededor del centro juvenil. Alguno me señala alzando la barbilla, no sé si a manera de saludo o de reto, el caso es que en mi pecho comienzan a sonar un millón de tambores.

Las miradas se vuelven cada vez más pesadas. Se siente como si aplastaran. Justo cuando la jauría comienza a impacientarse, escucho una voz familiar que me llama:

—¡Ey!, Juan, qué ondas, véngase para adentro, qué va a estar haciendo con estos ahí —me grita el Destino, y todo regresa a la normalidad. Los tambores se calman poco a poco.

Se le mira nervioso, viene con una jovencita del brazo. Ella no tendrá más de dieciséis años, y se aferra al brazo del pandillero. Con la mirada el Destino hace recular a los demás y vuelvo a ver en su rostro su mirada de guerra. Los mira uno por uno, desafiante. Ellos le sostienen la mirada por unos segundos y luego vuelven a hundirla en sus teléfonos. Ahora sí, todo en orden.

El poder es una espada que este hombre blande con destreza. Con un gesto me invita a pasar.

—Ya va a llover, mejor meta la moto a la casa para que no se le moje —me dice y con otro gesto de mayordomo me indica dónde ponerla.

Adentro entiendo el porqué de tan grande contingente de seguridad. Ahí están los palabreros de otras clicas. Está también el tipo de aspecto ranchero que negoció su mercadería con los Guanacos Criminals Salvatrucha unos meses atrás. No discuten nada importante, simplemente están ahí. La colina es una fortaleza espléndida y, en vista de lo crudo de la guerra, es mejor para ellos estar en un sitio seguro. Saben que luego de la matanza en la Zacamíl, el Barrio 18 prepara su venganza. Precisamente de eso se tratan estas guerras.

El Danger, de una clica vecina, me obsequia un cigarro y me abre espacio en el círculo, para sumarme a su juego de póquer. El Destino abre el plato de comida china que he traído para cenar y el olor atrae a algunos. En el cuarto está también el Dark, el exmonarca de la clica destronado por Little Down. Está más tatuado que la primera vez que lo vi, y es obvio, por cómo lo tratan los demás, que ha perdido su poder.

Mientras jugamos, el techo comienza a crujir, primero como una caricia suave, luego como una andanada de flechas enfurecidas que caen en la lámina. Ha empezado la tormenta. Le pregunto a uno de ellos por los custodios de afuera, y me responde con un gesto violento.

—¡Ah, que le hagan huevos!

La noche trascurre tranquila. La lluvia termina siendo un sonido atronador, pero relajante. Hablamos de la guerra solamente lo necesario. Los Guanacos y los pandilleros de otras clicas están tranquilos. Me dicen que el Barrio 18 no se animará a entrar en la colina, y que por el momento ellos no piensan bajar. Saben que una invasión de sus enemigos sería un suicidio. Saben también que el atentado en la Zacamíl les da la delantera, y que la bola está en el terreno de la otra pandilla. Confirmando las palabras del Informante, me cuentan que son varias clicas del Barrio 18 las que se han aliado para bajar a la Guanacos Criminals Salvatrucha de la colina. Sin embargo, ellos también se han unido. Varias clicas vecinas han armado una red logística y, según cuentan, les han asestado varios golpes letales a sus enemigos en algunas comunidades del municipio.

Es de madrugada y la comida china descansa en las panzas de los pandilleros. El Dark ha amasado una pequeña fortuna con nuestras monedas. Los cigarros se reparten y el cuarto se llena de humo.

La clica está tranquila y confiada, se saben los amos de este lugar y no piensan asomar la cabeza fuera de este cerro.

La buseta

La violencia gobernó la colina en forma de llamas. Los carros de la guerra entre pandillas chocaron y dejaron un reguero de cadáveres. Se llevaron consigo, en forma de cuerpos carbonizados, a los que pudieron alcanzar. Fue una noche rabiosa.

Los Columbia Locotes han hecho su movimiento. Fueron brutales para arreciar. Por la noche secuestraron una buseta de las protegidas por los Guanacos Criminals Salvatrucha, con toda su gente adentro. Todos eran habitantes de la colina. Los llevaron hasta la colonia Jardín, frente a la escuela del barrio. Casi en el mismo lugar donde meses atrás asesinaron a Calazo. Ahí los rociaron con gasolina y los quemaron vivos. Ellos se quedaron alrededor de la buseta esperando que la gente muriera. A los que lograban salir por las ventanas les pegaban un tiro. Murieron calcinadas, hasta ahora, once personas y otras trece agonizan en los hospitales. Al final de la semana habían muerto diecisiete personas.

Mientras este grupo mataba, otros pandilleros del Barrio 18 atacaban una segunda buseta que subía por la colina. Engañaron al conductor haciéndole señal de parada y, cuando este bajó la velocidad, los acribillaron a mansalva. Por mucho que dispararon no lograron detener la buseta, y esta se fue, con su cargamento de muertos y heridos, hacia el hospital. Ahí murió Hazel, una niña de seis años. El tiro le cayó en medio de los ojos, y murió al instante.

La bala no destrozó su cabeza, salió limpia por la parte trasera, dejando a la niña como dormida en los asientos ensangrentados de la buseta. A los que no les fue del todo mal, esperaban en las camillas del hospital, algunos entre estertores, con las quemaduras vistiéndoles los cuerpos.

Los Columbia Locotes, enloquecidos por los embistes de los Guanacos Criminals, se decidieron jugarse el todo por el todo. No podían permitirse la derrota. La masacre en la Zacamíl no fue el único golpe. Ayer los Guanacos asesinaron en su casa, en la colonia Polanco, en mero centro dieciocheno, a un pandillero gordito y de ojos saltones de los Columbia Locotes conocido como Crayola. Le destrozaron la cabeza y el pecho a balazos frente a sus familiares y luego huyeron rumbo a la colina Montreal. Por la noche mientras los familiares de Crayola lloraban en su velorio, el Carne, el palabrero de los Columbia, juntaba a sus hommies cerca de unos columpios maltrechos en el parquecito de la Jardín para planificar la forma de la venganza. Ahí se acordó quemar la buseta. De ahí salió corriendo un pandillero moreno de pelo corto conocido como Fox a traer la gasolina. De ese parquecito, junto a esos columpios maltrechos, en medio de una comunidad maltrecha, salió un grupo de jovencitos flacuchos y morenos cargando la muerte en la mente.

Los Columbia Locotes dijeron saber que en la muerte de Crayola, además de los Guanacos Criminals, participaron dos amigos del finado Calazo. El motorista de buseta Juan Martínez y su ayudante Juan Erazo. Ambos de la ruta 47. Ambos están muertos ya. Fueron los primeros antes de que todo comenzara a arder dentro de aquella buseta.

Hoy por la madrugada, una mujer entró en coma al hospital. Es joven, tiene alrededor de treintaidós años. Tiene el brazo hecho añicos y todo su cuerpo calcinado. Tiene los pulmones destrozados por el humo que respiró. Un tubo le atraviesa la garganta, y sus familiares ya la han dado por muerta varias veces. Sin embargo, la mujer se aferra a lo que le queda de vida, a lo que las llamas no se llevaron. Los médicos estuvieron a punto de amputarle los jirones del brazo que le quedaron. Por el momento, han detenido toda acción. La actitud es la de quien espera con resignación, como si nada valiera la pena, solo esperar a que a la mujer se le vaya lo poco de vida que le quedó después del fuego.

Antes de ser esa moribunda masa carbonizada, antes de convertirse en número y pasar a vivir en las estadísticas nacionales de violencia, esta mujer tuvo un nombre. Se llamaba Beatriz, vivió en una comunidad de la colina y trajo al mundo a dos hijas, una tiene doce y la otra nueve años. Tuvo un hogar y una vida. El domingo ella y sus dos niñas se subieron a una buseta, de esas que terminan su ruta en la cima de la colina. Había viajado tantas veces con sus niñas en esas busetas que era un acto de esos imperceptibles por cotidianos. No habían pasado ni veinte minutos de viaje cuando aparecieron el Fox, el Payasín, el Wuilita y otros pandilleros de los Columbia Locotes con sus tiros, su muerte y sus bidones de gasolina. Vengando con fuego la muerte de su homeboy.

Los sucesos se van esclareciendo cada vez más. Los hechos delatan a los autores y estos, como en una obra de teatro, van saliendo a escena uno por uno. Hablé ayer por teléfono con Alicia. Tiene la voz ronca y moquea a cada segundo. Me contó que el ambiente es horrible en la comunidad, todos tienen miedo. Me dijo, entre suspiros, que una de las niñas asesinadas, la del tiro en la cabeza, era su sobrina. De los demás aún no se sabe quiénes eran, están tan quemados que ni siquiera se distinguen los hombres de las mujeres. Se confundían con los pedazos carbonizados de los asientos y la tapicería de la buseta.

Los bomberos tuvieron que separar los carbones vivos de los muertos. A los vivos se los llevaron al hospital de la colonia Zacamíl; a los muertos los metieron en bolsas negras.

Hablo con el Destino. Me dice que todos los Guanacos están bien, pero que han muerto civiles, así les llama, y me dice que luego me explicará mejor, que por ahora solo me puede decir que el ambiente está caliente. Creo que no pudo usar un mejor calificativo.

Cuando Beatriz sintió las primeras llamaradas comiéndole el cuerpo, comiéndole las hijas, comenzó a golpear el cristal con el brazo, lo golpeó una vez y otra vez, con insistencia de madre, con la insistencia de quien ve a sus hijas quemarse frente a sus ojos. Lo golpeó hasta romperse el codo... lo siguió golpeando. Cuando comenzó a rajar el vidrio ya el brazo estaba hecho añicos. Cuando por fin la mujer rompió por completo el cristal a fuerza de sacudirlo una y otra vez con un saco de huesos rotos, ya su cuerpo se confundía con las llamas. Afuera, sus verdugos esperaban, pistola en mano, a los que escapaban.

Hoy se corrió el rumor en todo el municipio de que la clica de los Guanacos Criminals Salvatrucha de la colina ha decretado toque de queda.

—¡Que nadie salga de sus casas luego de las 7 de la noche! ¡Aquí va correr sangre! —vocearon.

Un helicóptero de la policía hace círculos en el aire, y los radio patrulla circulan por todo el centro del municipio. En la radio, un alto mando de la policía no deja de repetir que no es más que un rumor y que nadie debe temer. Cuando un bus fue quemado con más de veinte personas adentro es difícil creerle. Las calles del municipio están vacías, todo cerrado, todo escondido. La policía ha atrapado a ocho pandilleros de la clica Columbia Locotes en algunas comunidades del centro del municipio. Son todos hombres jóvenes, aparecen esposados y cabizbajos en las primeras planas de todos los periódicos del país y en muchos noticieros del mundo. Son todos morenos, bajitos, tatuados, se parecen tanto a los Guanacos, se parecen tanto.

Sus tacas parecen una mala broma si se contrasta con sus cuerpos y sus ojos hambrientos. El Gárgola, el Yanky, el Zeta, el Choco, el Chimbolo, el Pelón...

A pesar de la confusión que esto ha generado, tanto la policía como la gente del municipio tienen claro que el hecho fue perpetrado por el Barrio 18. Y tienen clara otra cosa: falta la respuesta de la Mara Salvatrucha 13.

La guerra de pandillas es una especie de juego a muerte. Macabro, pero un juego al final. Un grupo hace un pacto con otro grupo. El pacto consiste en matarse mutuamente. Una vez tú, una vez yo. De este juego depende su estatus y su vida. Es su causa.

Luego de cada golpe necesitan el revés de sus enemigos y, como en el ajedrez, cada pieza movida implica una jugada en respuesta. Si no, todo pierde sentido.

Little Down fue demasiado lejos con el asesinato de Crayola y la masacre en la Zacamíl. No solo asesinó a Carlos, sino que hirió a varios de sus familiares y a otros pandilleros. Hundió en el terror y la indignación a toda la colonia dominada por el Barrio 18. Así estrenó el poder este iracundo monarca. Casi dos meses después de la masacre y apenas un día después de la muerte de Crayola, el Barrio 18 le cobra a Little Down su osadía, y lo invitan a comenzar una escalada de violencia, a subir un peldaño más en la barbarie de los actos. Por ahora, solo queda esperar la respuesta de los Guanacos y de su buque de combate, timoneado por Little Down y tripulado por decenas de jovencitos de la colina Montreal. Parece una escena torcida y macabra de Peter Pan y el país de Nunca Jamás.

Antes de quedar casi completamente quemada, Beatriz logró lanzar, a través del hueco que abrió quebrando sus huesos, a su hija más pequeña. La lanzó hacia la calle.

Afuera, los verdugos disparaban.

Beatriz no tenía muchas opciones y tuvo que ofrecer a su otra hija a la jauría. Llamas o balas.

No sé si sus ojos ya se habían quemado, o si las llamas ya le habían raptado la razón, no sé si Beatriz pudo ver cuando una lluvia de esquirlas destrozó el rostro de su otra hija. La mujer quedó inconsciente, y así continúa. Posiblemente nunca llegue a saber si su sacrificio tuvo frutos, si sus hijas sobrevivieron, si el resultado de tanto, tanto dolor terminó en la vida o en la muerte.

Las niñas están vivas. A la más pequeña, un proyectil le entró en la pierna y, al salir, solo pudo robarse unas cuantas astillas de hueso que la vida pronto volverá a fabricar.

A la mayor, las esquirlas le entraron en el rostro, dejando una constelación de hoyitos en la cara de la niña. Este sacrificio no fue en vano. Beatriz, aunque quizá nunca lo sepa, le ganó la partida a la muerte.

Fuego se paga con fuego

Ha pasado una semana desde que las calles de Mejicanos van cobrando nuevamente esa tensa normalidad que las caracteriza. La vida vuelve poco a poco a las calles, sumisa y humilde, como una mujer golpeada. Los buses siguen sus rutas normales y el mercado está abierto, como siempre, como si hace una semana unos pandilleros no hubieran quemado vivas a más de diecisiete personas.

Del espectáculo y los inmensos operativos policiales en la zona solo queda un modesto retén, que consiste en una serie corta de conos puestos en línea recta, como dividiendo la calle en dos y en una pareja de agentes que ven pasar los carros con los ojos bien abiertos. Agentes de la municipalidad también hacen rondas por el lugar, aún ahumado, donde se quemaron todas aquellas personas. No vaya a ser que los hechores regresen a quemar otra buseta...

—Mira, viejo, te voy a ser franco. Va a estar paloma la cosa.

Me dice el Informante en un pequeño café alejado de la colina, como un preámbulo para soltar una avalancha de historias. Esta vez no habrá grabadora. Me dice que las personas olvidan, las grabadoras no. Se le ve triste. De vez en cuando asoma en sus ojos aquella cólera que alguna vez tuvo, cuando se la pasaba con los Guanacos Criminals Salvatrucha.

Me cuenta que la clica esta acéfala. El día de la masacre la policía apresó a Little Down y al Maniaco. Parece que ambos están acusados por varios homicidios. En El Salvador eso significa muchos, ¡muchos! años en prisión.

Se terminó por fin el reinado del Little Down. Se terminaron los días de gloria para el pequeño pandillero. Ya no podrá seguir timoneando a la muerte, ya no se paseará más por las calles de la comunidad balanceando sus amuletos, anunciando la tragedia con su presencia. Según el Informante, la policía lo sacó por la noche en un operativo sorpresa. Un enjambre de policías encapuchados y con armas automáticas rodearon de súbito la casa de Little Down. No se animaron a entrar botando la puerta con una almádana como suelen hacer en estos casos.

Una vez rodeada la casa, ordenaron a ambos salir con las manos sobre la cabeza. En respuesta Little Down les descargó una pistola. El exsicario de la Guanacos Criminals no se iría tan fácil de la comunidad. No abandonaría su reino sin pelear. La colonia entera retumbó con el tiroteo. Little Down, en un berrinche de plomo logró replegar a la policía. Aprovechó para salir y correr por los pasajes pistola en mano, acompañado del Maniaco. Pero el enjambre de policías lo persiguió con obsesión. Aún rodeado el pandillero peleó y como una zorra huyendo de los mastines trató de fugarse por las rendijas de la emboscada, pero el círculo se cerró hasta atraparlo.

Lo recuerdo sentado a mi lado contándome fragmentos de su vida como sicario de la Mara Salvatrucha, sus años en la cárcel de Mariona bajo el reinado de las temibles bandas del capo Bruno,[19] sus amoríos siempre trágicos con jovencitas de por acá, sus años de aspirante en los escalones más bajos de la Mara Salvatrucha, sus encuentros fatales con el Barrio 18. Hablando siempre

19 Edgar Bruno Ventura ha sido uno de los capos más reconocidos de la historia criminal moderna en El Salvador. Fue líder de una pandilla carcelaria conocida como La Raza o LR y en general fue, quizá, el convicto no pandillero más emblemático de la década de los noventas.

en jerga. Recuerdo sus ojos almendrados y negros, profundamente negros, con la rabia brillando por dentro.

Se rumora que la clica es llevada nuevamente por el Dark, pero es nada más eso, un rumor. Nada está muy claro por el momento. Little Down ha abandonado para siempre su amada clica, su carro de la guerra. El rey de los Guanacos ha caído y la clica espera ansiosa un nuevo líder.

Los Columbia Locotes por su parte aprovecharon el momento de crisis de la GCS para hacer otro movimiento.

Una noche después de la masacre, mientras el centro de Mejicanos bullía de policías y soldados, arriba, en la última comunidad de la colina, un escuadrón del Barrio 18 preparaba un tercer golpe contra los Guanacos. Dos carros cargados de pandilleros subieron por la única calle que lleva hasta la comunidad. Llegaron a la casa del Dark. Silenciosos se bajaron buscando al líder temporal de los Guanacos y abrieron fuego contra su casa, rociando con balas a todo lo que se moviera. Lo que queda de la clica salió a enfrentarse, sacaron su arsenal e hicieron tronar la colonia con la furia de los vencidos. Dicen que por varios minutos se escuchó cómo la clica se defendía, rabiosa, perdida, contra el asedio de los depredadores. A pesar del estruendo del combate, ni una patrulla subió por la colina. Ni una cámara de televisión.

Es probable que el Destino tenga razón cuando dice que existe un pacto entre el puesto policial y los Columbia Locotes. Un día después de la masacre, en los alrededores de la colonia en donde ocurrieron los hechos, en la casa número 18, la policía encontró el arma de la cual salieron los tiros que mataron a Juan Martínez, el conductor de la buseta. Es una 9 milímetros, marca CZ, la cual fue propiedad de la policía. Esta arma fue reportada como robada por un miembro del cuerpo de PPI (Protección a Personalidades Importantes), no es nada contundente pero resulta al menos sospechoso.

Le pregunto al Informante acerca de la respuesta de la Mara Salvatrucha ante esta invitación a la barbarie. Le pregunto si el Viento está al tanto, si ha dado alguna orden. Se queda callado, me mira a los ojos y me regala un augurio, triste, oscuro.

Me dice que la siguiente epifanía de la Mara Salvatrucha será violenta, será terrible. Algunos han hablado de quemar a todos los vendedores de la zona de la Jardín. Fuego se paga con fuego. Es una práctica común alrededor de esta colina.

Según un investigador de la PNC, desde hace ya varios años se encuentran cuerpos quemados en la zona, producto de la guerra de pandillas. Es una especie de formato de barbarie, como un sello común entre las clicas en guerra. Otros prefieren rociarlos a balazos. Creen que la gente de esa zona son todos colaboradores del Barrio 18, y creen que merecen todos el mismo destino que la gente de la buseta. Otros, más modestos en su venganza, quieren matar al palabrero de una de las clicas que los asedia. El plan no es muy complicado. Enviarán a un niño con un celular con cámara, como un espía. Una vez el niño tenga suficiente información del sujeto y sus fotos, se enviará a un escuadrón desde la cima de la colina a asesinarlo. También es una práctica común por acá.

Le pregunto si cree que la Guanacos Criminals Salvatrucha podrá soportar el embate de tantos enemigos y quedar con vida, si acéfala y desorientada la clica no terminará sucumbiendo y abandonando la colina para siempre. El Informante se queda pensativo un momento y me responde que no. A secas, con fe.

Me cuenta que no es la primera vez que tienen crisis y me cuenta un racimo de historias en donde el Viento, el Destino, Calavera, el Casper y Little Down eran protagonistas de cuentos de victoria. Habla sobre las guerras contra los narcos de la zona y de cómo los exterminaron, de cómo expulsaron a la Mara Gallo. Me cuenta cómo los embates del Barrio 18 han sido repelidos desde hace más de diez años y asegura que esta vez no será distinto, que esta vez la Mara Salvatrucha prevalecerá.

Con el tema de los líderes me dice que no importa, sobran los caudillos potenciales en la pandilla. Me dice que hay muchos candidatos para timonear la clica. El Informante me mira con picardía y hace una de sus acostumbradas preguntas retóricas:

—¿Vos ya escuchaste hablar del Garrita? —me dice invitándome a peguntar. Y sigue—: Fijate que a ese niño el Viento y Sky se lo hallaron en un parque... eso me dijeron a mí.

Según la leyenda estos dos pandilleros se encontraron a un recién nacido. Dicen que ambos vieron en el pequeño bulto, lloroso y desnutrido, algo más que un niño, vieron una forma de perpetuarse en el poder, se vieron a sí mismos en esa criatura. Así que decidieron quedárselo y criarlo en el seno de la pandilla. La Mara sería la única familia que conocería y aprendería a respetarla y amarla desde el principio. El bebé sería una especie de «elegido» y todas las clicas de la zona deberían conocerlo y respetarlo como extensión viva del poder de los dos pandilleros y su clica: la Guanacos Criminals Salvatrucha.

Acordaron que el niño tendría que pasar un tiempo en cada clica, serían las jainas de los pandilleros y las homegirl de la pandilla quienes se encargarían de cuidarlo. Como señal de ese pacto obligado del niño con la pandilla, se le tatuó en la cara la garra Salvatrucha. Probablemente sea una de esas historias que engordan al pasar de boca en boca y que de tanto contarse terminan obesas.

El hecho es que el niño existe, guarda prisión acusado de homicidio y luce tatuada en la cara la garra de la Mara Salvatrucha. Ciertamente es un posible candidato para timonear la nave que Little Down dejó a la deriva.

En la última comunidad de la colina reina nuevamente la calma. Los pandilleros están escondidos y la gente vuelve poco a poco a sus vidas. Las primeras busetas comienzan a salir nuevamente. Son pocos los que se animan a manejarlas y pocos también los que viajan en ellas.

Alicia sube resoplando por la cuesta con sus cazuelas vacías. Es buena señal, significa que lo ha vendido todo. Jazmín aún tiene el puesto de refrescos frente a la casa comunal. Ha dado por perdido a Hugo y se limita a lavarle la ropa y darle de comer cuando llega a casa. Sigue en la escuela pero los otros niños le tienen miedo. «Quizá es culpa de ella por andarse metiendo con los mareros», dicen algunos. La critican mucho, sin embargo Jazmín tiene ahora otra oportunidad, una que crece en el vientre de su hija. A Karla le faltan apenas un par de meses para dar a luz al retoño que dejó Little Down antes de irse y ha «sentado cabeza». Ha vuelto a la casa de su madre y ahora trabajan juntas alrededor de la gran olla de refrescos, y juntas también criarán al bebé.

El loco de la comunidad continúa aullando por las tardes, sin darles tregua a los demonios que lo afligen a diario, y frente a su casa, en el centro juvenil, el Destino continúa solitario y cansado haciendo pan.

Gustavo no ha vuelto a asomarse por aquí. Abandonó su puesto como director del centro juvenil para siempre. El resto de los Guanacos Criminals Salvatrucha son todos apenas unos niños, ansiosos por jugar nuevamente a la guerra, a la espera de una nueva invitación, de un nuevo reto de barbarie por parte del Barrio 18. El cual no tardará en aparecer.

Esta guerra ha terminado, probablemente para darle paso a otra en donde los soldados serán parecidos y en donde los círculos de la muerte vuelvan a cerrarse.

Es casi de noche y un manto de nubes se posa sobre las colinas del municipio anunciando que pronto lavarán con el agua de sus vientres las calles de este lugar.

EPÍLOGO

Días peores

Ya ha pasado más de un año desde que subí por última vez a la comunidad y en este lugar y en todo el país algunas cosas han cambiado.

El Destino, luego de haber hecho crecer la panadería y de haber incorporado a otros homeboy al proyecto, ha sido arrestado nuevamente. La policía lo acusa de ser el líder de la MS-13 en toda la zona y de utilizar niños para sus acciones delictivas. Lo sacaron casi desnudo de su casa en un enorme operativo con decenas de policías y casi el mismo número de periodistas cubriendo el evento. En la casa quedó Isaías, su esposa y su hijo de meses. Las acusaciones son poco probables, él trabajaba a tiempo completo en los proyectos de rehabilitación de una congregación católica y llevaba un buen tiempo alejado de la clica que fundó. Ahora tendrá que abrirse paso nuevamente en la selva penitenciaria, probablemente en Ciudad Barrios, el penal más grande destinado para su pandilla, y ganarse otra vez el respeto que le permitió sobrevivir tantos años dentro de la MS. Todo depende del resultado del juicio que aún no se ha programado.

En el penal de Ciudad Barrios vive también Charlie, el jovencito que fue deportado de Suramérica. Lo condenaron por haber asesinado a uno de los Columbia Locotes que participaron en la quema de la buseta. Ahí también cumple condena por doble homicidio Moxy, el jovencito que me pedía la moto a diario. Asesinó a balazos a dos obreros que trabajaban haciendo un muro en la comunidad, supuestamente porque ambos vivían en un lugar donde gobierna el Barrio 18.

En El Salvador las pandillas han crecido, se han reestructurado y de alguna forma han terminado por doblegar al gobierno. A cambio de bajar los homicidios en todo el país han pedido medidas más laxas en los penales, y el traslado de los líderes nacionales recluidos en el penal de máxima seguridad de Zacatecoluca a penales con medidas menos rigurosas como Ciudad Barrios, en el caso de la MS. El pacto por ahora ha dado resultados. De catorce homicidios al día ahora tenemos un promedio de cinco. El gobierno celebra misas de acción de gracias en los penales y las autoridades se jactan de haber logrado lo inaudito, lo imposible: haber firmado una especie de segundos acuerdos de paz, esta vez entre las dos pandillas. Sin embargo, en las comunidades donde viven los pandilleros de bajo rango, entre las champas más enclenques, se rumoran cosas. Se dice que el pacto se romperá, que lo que viene será mucho más complejo, mucho más salvaje. Se dice que las cúpulas de ambas pandillas han aprovechado las prerrogativas del gobierno para reestructurarse, para limpiar la pandilla y ordenar los liderazgos en la calle. Muchos pandilleros que no se han plegado a estas disposiciones han sido asesinados, como el caso del Mafioso y el Droopy, asesinados en la colonia Las Margaritas de Soyapango por su propia pandilla. Muchos más se encuentran huyendo, producto de las nuevas limpias que se hacen en la MS-13. Por otro lado, la envergadura del accionar de la Mara Salvatrucha 13 a nivel mundial ha dado como resultado que el Departamento del Tesoro de Estados Unidos la haya incluido, en octubre del año 2012, en su lista de organizaciones criminales transnacionales que atentan contra la seguridad nacional de este país.

Sin embargo, el ministro salvadoreño de Justicia y Seguridad Pública, general David Munguía Payés, y autoridades gubernamentales de alto nivel, siguen regodeándose y felicitándose entre sí por su audacia. Mientras tanto, en la calle, entre los pobres, se vive con angustia porque intuyen que vienen días peores.[20]

(Diciembre, 2012)

EDGAR GIOVANNI Morales, alias el Destino, fue asesinado el 6 de marzo de 2013 por sicarios del Barrio 18 en las faldas de la colina Montreal. Su muerte hizo tambalear la ya de por sí frágil tregua entre pandillas y llenó de consternación a los homeboys de la Mara Salvatrucha 13 a nivel nacional. Dicen que el Destino se disponía a montar en su moto cuando un hombre joven, moreno y de ojos achinados se le acercó pistola en mano. Lucharon por varios minutos hasta que el sicario logró asestarle un tiro en la cabeza. Una vez de rodillas el muchacho lo remató. Quedó tendido en la acera, envuelto en la chumpa azul que usaba para salir de la colina en medio de un charco de su propia sangre. Así terminaron los días del Destino de los Guanacos Criminales.

Horas más tarde algunos de sus homeboy cercanos mandaron al carajo la tregua y salieron montados en motos rumbo a los terrenos del Barrio 18 en el municipio vecino de Cuzcatancingo. Lograron matar a varios, incluso una patrulla de la policía fue abatida a balazos. Luego de varias semanas el cuerpo de un joven moreno, de ojos achinados fue encontrado a pocos kilómetros de la colina envuelto en una sábana con evidentes signos de tortura y un disparo en la cabeza.

---

20 Dos pilares de la tregua entre pandillas: los generales David Munguía Payés y Francisco Salinas, ministro de Seguridad y director general de la Policía Nacional Civil, respectivamente, en mayo de 2013 dejaron sus cargos debido a una sentencia de la Sala de lo Constitucional de la Corte Suprema. El fallo declaró sus nombramientos como inconstitucionales porque, según la Corte, ocuparon cargos que por ley solo civiles pueden optar.

Días después de la muerte del Destino, el presidente Mauricio Funes brindó declaraciones diciendo que esta muerte tuvo fines políticos y los encargados de la tregua por parte del Estado se abstuvieron de dar declaraciones y apagaron sus teléfonos.

Ese mismo día, en el centro penal de Ciudad Barrios, la fortaleza por excelencia de la MS-13, se celebraba una noche de esas que solo son posibles después de la tregua. Fue una noche artística en donde un grupo de teatro se presentaba ante más de dos mil homeboys. Los pequeños grupos de teatro de los pandilleros también hicieron modestas presentaciones. En medio del festejo y el bullicio unos pandilleros detuvieron los actos y pidieron un minuto de silencio en honor al finado Destino de los Guanacos Criminales. Miles de cabezas tatuadas se agacharon y el silenció gobernó por un minuto aquel infierno hacinado llamado Ciudad Barrios. Los líderes nacionales de la pandilla. El Diablito, el Sirra, Snayder, el Trece, entre otros, también mostraron sus respetos hacia el compañero asesinado.

(Junio, 2013)

OSCAR SIGARÁN, conocido como Little Down, fue asesinado por la policía dos años después, en un enfrentamiento en febrero de 2015, cuando ya la tregua estaba irremediablemente rota. Luego de un intercambio de disparos en el cual Óscar resultó con heridas severas, un policía le destrozó el cráneo con la culata de un fusil M16 dejando su cerebro expuesto y causándole la muerte. En el mismo enfrentamiento la policía asesinó al Trucha, la mano derecha de Little Down en la conducción de la clica de los Guanacos Criminals Salvatrucha de la calle Montreal.

(Junio, 2015)

Índice

OTROS TÍTULOS PUBLICADOS

COLECCIÓN AMERICALEE

EDUARDO RABASA

La suma de los ceros

ISBN: 978-84-15862-40-6 | 384 págs. | 21 x 14,5 cm. | rústica con solapas

[...] Es falso que se hayan terminado las ideologías. Sucede justamente lo contrario. La ideología dominante se ha sedimentado en estructuras que ya escapan incluso a ser cuestionadas. Ni siquiera hace falta enunciarla. Si no se ve es tan solo porque está inserta en todas partes. No precisa de justificación, simplemente es. La denuncia de sus propios horrores es parte esencial de la ideología de los tiempos. Este honor se reserva a una minúscula élite ilustrada. Los más comprometidos acuden a las marchas a gritar consignas. Hay quienes incluso firman solemnes desplegados. Esto forma ya parte del propio sistema. [...]

Villa Miserias es una ciudad cualquiera de un país indeterminado de América latina, y Max Michels es un hombre enfrentado al poder y su nueva ideología: el «quietismo en movimiento»; un hombre en perpetua disputa con todas y cada una de las formas de la autoridad; con el amor de Nelly López; y también con su propia cabeza, con sus propios y abundantes demonios.

La suma de los ceros es el total de unos personajes únicos e inolvidables que conforman una sátira política que viene a rejuvenecer un género que ya creíamos agotado; una novela muy fresca donde, con la precisión de un bisturí, se diseccionan y muestran las mentiras de la sociedad moderna y el eterno sacrificio del individuo en el altar de los nuevos dioses.

EDUARDO RABASA (Ciudad de México, 1978), estudió Ciencias Políticas en la UNAM, de donde se tituló con una tesis sobre el concepto de poder en la obra de George Orwell. Escribe una columna semanal para *Milenio* y ha traducido libros de autores como Morris Berman, George Orwell y Somerset Maugham. En 2002 fue uno de los miembros fundadores de la editorial Sexto Piso, donde trabaja como editor desde entonces. *La suma de los ceros* es su primera novela.

«*La suma de los ceros* es una excepcional fantasía política. Eduardo Rabasa ha escrito una novela futurista ubicada en el presente; su inventiva no depende de nuevas tecnologías sino de nuevas formas de relación. Una novela sobre el más complicado de los deportes extremos: la convivencia».

JUAN VILLORO

«Una novela insólita. Cuando la leía, me sentía inmerso en un mundo que, como en ciertas narraciones de Bolaño, trasciende las señas de identidad que asociamos con el territorio de la novela latinoamericana. *La suma de los ceros* traslada al lector a lugares de la imaginación que remiten de manera imperceptible a lo mejor de la tradición centroeuropea. [...] La prosa se asienta con firmeza en unas coordenadas que solo pueden ser mexicanas, revelando una suma de verdades que nos muestran, en toda su complejidad, la textura de un país y una sociedad inmersos en una época violentamente convulsa. Pocas novelas han conseguido sorprenderme últimamente tanto como la ha hecho *La suma de los ceros*».

EDUARDO LAGO

«*La suma de los ceros* colecciona arrebatos: la pasión amorosa, la conflictiva relación entre un padre y un hijo, y sobre todo, la crítica a la democracia en clave de sátira política. [...] Rabasa plantea una inesperada vuelta de tuerca a la novela de crítica social, un laboratorio narrativo de donde el autor espera obtener la fórmula que sirva para pensar y entender el presente».

LEONARDO TARIFEÑO, *Revista Vice*

«Una novela importante. [...] No he visto en ninguna otra parte últimamente un mejor retrato de cómo están montadas las cosas, o cómo las cosas van montándonos a nosotros».

JUAN BONILLA